Psicología Positiva

Alexa Murphy

Alexa Murphy

Alexa Murphy

Página de Derechos de Autor

Titular de los Derechos de Autor: © 2024, Andrea Jimenez
Año: 2024
Autor: © 2024, Alexa Murph

Datos Legales y de Derechos de Autor

Este libro no puede ser reproducido, distribuido ni transmitido de ninguna forma ni por ningún medio, ya sea electrónico o mecánico, incluyendo fotocopiado, grabación o cualquier sistema de almacenamiento y recuperación de información, sin el permiso previo por escrito del autor.

Primera edición
Todos los Derechos Están Reservados

Indice

Alexa Murphy

Introducción a la Psicología Positiva

La psicología positiva es un enfoque dentro de la psicología que busca entender y fomentar lo mejor de nosotros. A diferencia de otras ramas de la psicología que se centran principalmente en los problemas, las enfermedades mentales o el malestar, la psicología positiva pone el foco en las emociones positivas, el bienestar, las fortalezas personales y la capacidad que tenemos para ser felices y llevar una vida plena. Su objetivo es ayudarnos a mejorar la calidad de nuestra vida, enseñándonos a desarrollar una mentalidad más optimista y resiliente.

Este enfoque nace de la necesidad de equilibrar el estudio de la mente. Durante muchos años, los psicólogos se han dedicado a estudiar lo que nos hace sufrir, a comprender los trastornos mentales y a buscar soluciones para aliviar el dolor emocional. Si bien todo esto es importante, no es suficiente. La psicología positiva nos invita a preguntarnos: ¿por qué no estudiar también lo que nos hace felices? ¿Por qué no buscar las claves para una vida satisfactoria y plena? Este campo se basa en la idea de que todos tenemos el potencial de vivir mejor, pero para lograrlo, necesitamos aprender a entrenar nuestra mente para enfocarnos en lo positivo.

Una de las primeras cosas que debemos entender sobre la psicología positiva es que no se trata de ignorar los problemas o pretender que todo en la vida es perfecto. Todos enfrentamos dificultades y momentos difíciles, pero lo que nos propone este enfoque es aprender a ver esos desafíos desde una perspectiva diferente. En lugar de quedarnos atrapados en el problema, la psicología positiva nos enseña a centrarnos en nuestras fortalezas, en las soluciones, y en las oportunidades que cada obstáculo puede ofrecernos para crecer. Así, poco a poco, vamos transformando nuestra mentalidad.

Imagínate por un momento que tu mente es como un jardín. Si no te ocupas de él, las malas hierbas comienzan a crecer y, sin darte cuenta, toman control del espacio, asfixiando las flores y las plantas que realmente quieres ver florecer. La psicología positiva te enseña a ser el jardinero de tu propia mente, a reconocer esas malas hierbas que representan los pensamientos negativos y a reemplazarlas con flores, es decir, con pensamientos positivos y constructivos. Con el tiempo, ese jardín se convierte en un espacio más saludable y hermoso.

Una de las herramientas más importantes en la psicología positiva es el optimismo. Ser optimista no significa ignorar la realidad o creer que todo será perfecto, sino tener la confianza de que, incluso cuando las cosas se pongan difíciles, puedes encontrar una solución o una forma de salir adelante. Es ver el vaso medio lleno en lugar de medio vacío. Por ejemplo, si pierdes un trabajo, en lugar de caer en la desesperación, puedes pensar en la oportunidad que se te presenta para buscar algo mejor o incluso iniciar un proyecto propio. Este tipo de pensamiento no solo nos hace sentir mejor emocionalmente, sino que también nos da la fuerza necesaria para tomar decisiones más acertadas y enfrentar los problemas con una actitud más constructiva.

Otro aspecto clave de la psicología positiva es la gratitud. A veces, nos enfocamos tanto en lo que nos falta que olvidamos todo lo bueno que ya tenemos. Practicar la gratitud nos ayuda a recordar que, aunque no todo en la vida sea perfecto, siempre hay algo por lo que podemos estar agradecidos. Puede ser algo tan simple como un amanecer hermoso, una comida que disfrutaste o la compañía de un amigo. El simple acto de detenernos a apreciar estos pequeños momentos nos ayuda a reprogramar nuestra mente para enfocarnos en lo positivo, en lugar de quedarnos atrapados en lo negativo.

El bienestar emocional también está muy relacionado con el sentido de propósito. La psicología positiva nos enseña que, cuando sentimos que nuestras acciones tienen un propósito o un significado, nuestra vida se vuelve más plena. Encontrar ese propósito no siempre es fácil, pero puede ser cualquier cosa que nos haga sentir realizados, desde ayudar a otros hasta perseguir una meta personal o desarrollar una habilidad. Lo importante es que, al tener una dirección clara en la vida, nuestras emociones positivas aumentan y nuestra mente se vuelve más fuerte frente a las adversidades.

Es importante destacar que la psicología positiva no es algo que funcione de la noche a la mañana. Cambiar nuestra forma de pensar requiere práctica, esfuerzo y constancia. Pero la buena noticia es que, con el tiempo, esos pequeños cambios en nuestra manera de ver el mundo se acumulan y tienen un gran impacto en nuestra vida diaria. Al igual que cualquier habilidad, podemos entrenar nuestra mente para que sea más positiva, más resiliente y más capaz de enfrentar los desafíos de la vida con una actitud optimista.

En resumen, la psicología positiva nos ofrece una nueva forma de mirar la vida. Nos recuerda que, aunque todos enfrentemos dificultades, también tenemos el poder de decidir cómo responder a esas dificultades. Nos enseña a cultivar el optimismo, la gratitud y el sentido de propósito, herramientas fundamentales para llevar una vida más feliz y plena. Y lo más importante, nos recuerda que no se trata de ser perfectos ni de evitar los problemas, sino de aprender a enfrentarlos con una mentalidad positiva y constructiva. Esta es la clave para una vida más saludable y satisfactoria.

Reprogramando la Mente hacia el Pensamiento Positivo

Reprogramar nuestra mente hacia el pensamiento positivo es un proceso que nos permite cambiar la forma en que interpretamos el mundo y cómo reaccionamos ante lo que nos sucede. Todos, en mayor o menor medida, hemos desarrollado patrones de pensamiento a lo largo de nuestras vidas. Estos patrones son como caminos que nuestra mente recorre una y otra vez. Si esos caminos están llenos de pensamientos negativos, como el pesimismo, la crítica constante o el miedo, nuestra forma de ver el mundo se verá afectada por ello. Pero la buena noticia es que, al igual que un músculo, podemos entrenar nuestra mente para cambiar esos patrones y enfocarnos en lo positivo.

El primer paso para reprogramar nuestra mente es reconocer los pensamientos negativos cuando aparecen. Muchas veces, esos pensamientos pasan desapercibidos porque estamos tan acostumbrados a ellos que los aceptamos como normales. Por ejemplo, podrías estar trabajando en un proyecto y, si algo sale mal, tu primera reacción podría ser pensar que no eres lo suficientemente bueno o que siempre fracasas. Este tipo de pensamiento negativo es automático, pero no es real. El simple hecho de ser conscientes de esos pensamientos es el primer paso para cambiarlo.

Una vez que identificamos los pensamientos negativos, el siguiente paso es desafiarlos. Esto significa preguntarnos si esos pensamientos son verdaderamente ciertos o si estamos exagerando la situación. Muchas veces, nuestra mente nos engaña haciéndonos creer que algo es peor de lo que realmente es. Si, por ejemplo, piensas que nunca tendrás éxito en un área determinada, puedes detenerte un momento y recordar todas las veces que has logrado algo. Desafiar los pensamientos negativos no significa ignorar la realidad, sino verla desde una perspectiva más equilibrada.

Otra estrategia muy útil para reprogramar la mente es cambiar el enfoque. En lugar de pensar en lo que podría salir mal, podemos enfocarnos en lo que puede salir bien. Por ejemplo, si tienes una entrevista de trabajo y estás nervioso, en lugar de imaginar todas las formas en que podrías fallar, intenta visualizarte respondiendo las preguntas con confianza y mostrando tus habilidades. Este simple cambio de enfoque puede transformar cómo te sientes y cómo te preparas mentalmente para la situación.

Las afirmaciones positivas son otra herramienta poderosa en el proceso de reprogramación mental. Las afirmaciones son frases sencillas que repetimos a nosotros mismos para reforzar un pensamiento positivo. Por ejemplo, si te sientes inseguro antes de una presentación, podrías repetir frases como "Soy capaz", "Tengo todo lo necesario para hacerlo bien" o "Confío en mis habilidades". Al repetir estas afirmaciones, estás entrenando tu mente para creer en ellas. Al principio puede parecer un poco artificial, pero con el tiempo, estas afirmaciones empiezan a convertirse en parte de tu sistema de creencias y reemplazan los pensamientos negativos.

Un punto clave en este proceso es la constancia. No basta con practicar el pensamiento positivo de vez en cuando. Así como no podemos fortalecer nuestros músculos yendo al gimnasio solo una vez, no podemos cambiar nuestra forma de pensar con un solo esfuerzo. Necesitamos practicar diariamente. La buena noticia es que cuanto más lo hagas, más fácil se volverá. Poco a poco, los caminos mentales negativos se irán debilitando y los positivos se volverán más fuertes.

Además de las afirmaciones y el cambio de enfoque, hay algo más que podemos hacer: rodearnos de positividad. Nuestro entorno tiene un gran impacto en nuestra forma de pensar. Si pasamos mucho tiempo con personas negativas o en ambientes tóxicos, será más difícil mantener una mentalidad positiva. Por el contrario, si nos rodeamos de personas que nos apoyan, que nos animan y que tienen una visión optimista de la vida, será más fácil reprogramar nuestra mente. Esto no significa que debamos evitar a toda costa a las personas que están pasando por un mal momento, sino que debemos asegurarnos de equilibrar nuestro entorno para que no todo sea negativo.

La gratitud también juega un papel fundamental en este proceso. Cuando practicamos la gratitud, nos estamos entrenando para ver lo positivo en nuestras vidas, incluso en los momentos difíciles. Un ejercicio muy simple que puedes hacer todos los días es tomarte unos minutos al final del día para escribir tres cosas por las que estés agradecido. Pueden ser cosas grandes, como el apoyo de tu familia, o pequeñas, como haber disfrutado de una buena comida. Este ejercicio ayuda a cambiar tu enfoque y te enseña a ver lo bueno incluso en los días más complicados.

Uno de los mayores obstáculos que enfrentamos cuando intentamos reprogramar nuestra mente es la autocrítica. A menudo, somos nuestros peores críticos. Nos juzgamos duramente cuando cometemos errores o cuando no cumplimos con nuestras expectativas. Esta autocrítica constante nos mantiene atrapados en un ciclo de pensamientos negativos. Para romper este ciclo, es importante practicar la autocompasión. Esto significa tratarnos a nosotros mismos con la misma amabilidad y comprensión que ofreceríamos a un amigo. Si cometemos un error, en lugar de castigarnos mentalmente, podemos recordarnos que todos cometemos errores y que eso no nos define. La autocompasión nos permite ser más amables con nosotros mismos y nos ayuda a mantener una mentalidad positiva incluso en los momentos difíciles.

Otro aspecto importante de la reprogramación mental es el manejo del estrés. Cuando estamos bajo mucho estrés, nuestra mente tiende a volverse negativa de manera automática. Nos preocupamos por el futuro, por lo que puede salir mal, o nos sentimos abrumados por las responsabilidades. Para reprogramar nuestra mente, es fundamental aprender a gestionar el estrés de manera efectiva. Esto puede implicar técnicas como la meditación, la respiración profunda o simplemente tomarse un descanso cuando sea necesario. Al reducir el estrés, es más fácil mantener un enfoque positivo y no caer en patrones de pensamiento negativos.

En resumen, reprogramar nuestra mente hacia el pensamiento positivo no es un proceso inmediato, pero es completamente posible. Requiere tiempo, esfuerzo y práctica constante, pero los beneficios son enormes. Al aprender a identificar y desafiar los pensamientos negativos, al practicar afirmaciones positivas, al rodearnos de influencias optimistas y al manejar el estrés, podemos cambiar nuestra forma de pensar. Y cuando cambiamos nuestra forma de pensar, cambiamos nuestra vida.

El Poder del Optimismo

El optimismo es una de las herramientas más poderosas que podemos tener en la vida. No se trata simplemente de sonreír todo el tiempo o de fingir que todo está bien cuando no lo está. El optimismo va mucho más allá de eso. Es una forma de ver el mundo y de enfrentarlo que nos da la fuerza para seguir adelante, incluso cuando las cosas no salen como esperamos. Tener una mentalidad optimista significa creer que, aunque las dificultades se presenten, somos capaces de superarlas y que siempre hay una solución, una oportunidad o una lección que aprender en cada situación.

Para entender el verdadero poder del optimismo, es importante saber que nuestros pensamientos afectan directamente cómo nos sentimos y, en última instancia, cómo actuamos. Si constantemente pensamos que las cosas van a salir mal, es probable que nos sintamos ansiosos, frustrados o desmotivados, lo que hace que nuestras acciones también se vean afectadas. En cambio, si pensamos que las cosas pueden salir bien, nuestras emociones cambian: nos sentimos más tranquilos, motivados y con mayor confianza para enfrentar cualquier reto. Este cambio en nuestros pensamientos y emociones nos lleva a tomar mejores decisiones y a actuar de manera más efectiva.

El optimismo no es negar la realidad o pretender que todo es perfecto. Las personas optimistas no son inmunes a los problemas, pero la diferencia es que tienen una forma de ver esos problemas que las ayuda a manejarlos mejor. En lugar de centrarse en lo que está mal, buscan soluciones. En lugar de rendirse ante las dificultades, se preguntan: ¿qué puedo aprender de esto? ¿Cómo puedo mejorar la situación? Esta mentalidad no solo ayuda a reducir el estrés, sino que también aumenta la probabilidad de encontrar una salida positiva a los problemas.

Imagina que tienes que cruzar un puente, pero desde donde estás parado, el puente parece largo, inestable y con muchos obstáculos en el camino. Si te enfocas solo en lo difícil que es, probablemente te sentirás abrumado y tal vez decidas no cruzarlo. Pero si, en cambio, piensas en lo que hay al otro lado del puente, en la oportunidad que te espera y en las formas en que puedes superar esos obstáculos, te sentirás más motivado para intentarlo. Esa es la diferencia que hace el optimismo: te da la energía y el impulso para avanzar, incluso cuando el camino no es fácil.

Además, el optimismo tiene un impacto directo en nuestra salud. Numerosos estudios han demostrado que las personas que tienen una actitud optimista tienden a vivir más y a disfrutar de una mejor salud física y mental. Esto se debe a que el optimismo reduce los niveles de estrés y ansiedad, lo que tiene un efecto positivo en el sistema inmunológico y en el corazón. Además, las personas optimistas suelen cuidarse más, ya que están más motivadas para hacer ejercicio, comer bien y buscar maneras de mantener un estilo de vida saludable.

El optimismo también mejora nuestras relaciones con los demás. Cuando somos optimistas, no solo nos sentimos mejor con nosotros mismos, sino que también proyectamos esa energía hacia los demás. Las personas suelen sentirse atraídas por aquellos que tienen una actitud positiva, ya que estar cerca de alguien optimista puede ser contagioso. El optimismo genera un ambiente de apoyo y colaboración, lo que fortalece las relaciones personales y profesionales. Además, cuando enfrentamos problemas en nuestras relaciones, una mentalidad optimista nos permite ver esos problemas como oportunidades para crecer y mejorar, en lugar de verlos como el fin de la relación.

Otro aspecto importante del optimismo es que nos ayuda a manejar mejor los fracasos. Todos, en algún momento, hemos experimentado el fracaso. Ya sea en el trabajo, en nuestras metas personales o en nuestras relaciones, el fracaso es inevitable. Sin embargo, lo que realmente importa no es el fracaso en sí, sino cómo lo interpretamos. Una persona pesimista puede ver el fracaso como una señal de que no es lo suficientemente buena o que nunca tendrá éxito. Pero una persona optimista ve el fracaso como una lección, como una oportunidad para aprender algo nuevo y mejorar. El optimismo nos da la capacidad de levantarnos después de cada caída, de seguir adelante y de seguir intentando, incluso cuando las cosas no salen como lo planeamos.

Un buen ejemplo de cómo el optimismo puede cambiar nuestra vida es pensar en los deportes. Los atletas que tienen una mentalidad optimista suelen rendir mejor que aquellos que no la tienen. Esto se debe a que creen en su capacidad para mejorar y en su habilidad para superar los desafíos que enfrentan. Incluso cuando pierden, los atletas optimistas no se rinden; en lugar de eso, se enfocan en cómo pueden mejorar para la próxima vez. Esta mentalidad es aplicable a cualquier área de nuestra vida. Cuando creemos que podemos mejorar, que podemos superar los obstáculos y que podemos alcanzar nuestras metas, estamos más inclinados a hacer el esfuerzo necesario para lograrlo.

El optimismo también está relacionado con la perseverancia. Las personas optimistas tienden a ser más perseverantes porque creen que sus esfuerzos eventualmente darán frutos. No se desaniman fácilmente ante los contratiempos y están dispuestas a seguir intentándolo hasta lograr lo que se proponen. En cambio, las personas que tienen una visión negativa o pesimista suelen rendirse más rápido porque creen que el éxito no es posible para ellas. Aquí es donde el optimismo marca una gran diferencia: nos da la fuerza para seguir adelante, incluso cuando las cosas se ponen difíciles.

Es importante destacar que el optimismo no es algo con lo que nacemos o no. No es una característica fija que algunas personas tienen y otras no. El optimismo es algo que se puede desarrollar con el tiempo. Podemos entrenar nuestra mente para ser más optimistas, para ver lo bueno en cada situación y para enfrentar los problemas con una actitud positiva. Como cualquier hábito, requiere práctica, pero los resultados valen la pena.

En resumen, el poder del optimismo radica en su capacidad para transformar nuestra vida. Nos ayuda a sentirnos mejor, a actuar con más confianza, a mejorar nuestras relaciones y a superar los desafíos con mayor facilidad. El optimismo no elimina los problemas, pero nos da las herramientas necesarias para enfrentarlos con una actitud más saludable y constructiva. Y lo más importante, nos recuerda que, aunque el camino no siempre sea fácil, siempre hay una luz al final del túnel si estamos dispuestos a buscarla.

El Impacto del Pensamiento Positivo en la Salud

El pensamiento positivo no solo influye en cómo nos sentimos emocionalmente, sino que también tiene un impacto directo en nuestra salud física. La relación entre la mente y el cuerpo es más fuerte de lo que podríamos imaginar, y los estudios han demostrado que la forma en que pensamos afecta nuestra salud de maneras profundas. Tener una actitud positiva no es solo un beneficio para el estado de ánimo, sino que puede ayudarnos a vivir más años, a disfrutar de una mejor calidad de vida y a mantenernos más saludables en general.

Cuando hablamos de pensamiento positivo, nos referimos a la tendencia de enfocarnos en lo bueno que sucede en nuestras vidas, en lugar de quedarnos atrapados en lo negativo. Las personas que practican el pensamiento positivo tienden a ver los desafíos como oportunidades, confían en que pueden superar las dificultades y se concentran en las soluciones en lugar de los problemas. Esto, a su vez, reduce el estrés, uno de los mayores enemigos de nuestra salud.

El estrés crónico es una de las principales causas de muchos problemas de salud, como la presión arterial alta, las enfermedades cardíacas, la diabetes y la debilitación del sistema inmunológico. Cuando estamos constantemente estresados, nuestro cuerpo libera hormonas como el cortisol, que, en exceso, puede dañar nuestros órganos y sistemas. Sin embargo, el pensamiento positivo actúa como un antídoto natural contra el estrés. Cuando adoptamos una actitud optimista y nos enfocamos en lo positivo, nuestros niveles de estrés disminuyen, lo que tiene un impacto directo en nuestra salud física.

Además del estrés, el pensamiento positivo también ayuda a mejorar nuestro sistema inmunológico. Nuestro sistema inmunológico es la defensa natural de nuestro cuerpo contra enfermedades y virus. Investigaciones han demostrado que las personas que mantienen una actitud positiva suelen tener un sistema inmunológico más fuerte, lo que significa que son menos propensas a enfermarse y, cuando lo hacen, suelen recuperarse más rápido. Esto se debe a que el cuerpo y la mente están profundamente conectados, y cuando nuestra mente está en un estado positivo, nuestras defensas físicas se fortalecen.

Otro aspecto importante del impacto del pensamiento positivo en la salud es la reducción del riesgo de enfermedades del corazón. Las personas que practican el pensamiento positivo tienden a tener menos problemas cardíacos, y si llegan a desarrollar una enfermedad, suelen manejarla mejor que aquellas personas que tienen una actitud más negativa. Esto puede deberse a que los pensamientos positivos ayudan a mantener una presión arterial más baja y reducen la inflamación en el cuerpo, factores clave en la prevención de enfermedades cardíacas.

Además, el pensamiento positivo también nos motiva a adoptar hábitos más saludables. Cuando tenemos una mentalidad optimista, es más probable que cuidemos de nuestro cuerpo. Las personas que practican el pensamiento positivo suelen estar más dispuestas a hacer ejercicio, a mantener una dieta equilibrada y a evitar comportamientos perjudiciales como fumar o beber en exceso. Esto no es una coincidencia, ya que cuando pensamos positivamente, creemos que nuestro bienestar importa, y eso nos impulsa a tomar decisiones que favorecen nuestra salud.

El ejercicio físico, por ejemplo, es una actividad que tiene un impacto muy positivo en nuestra salud física y mental. Las personas que adoptan una actitud positiva suelen ver el ejercicio no como una carga o una obligación, sino como una forma de sentirse mejor, de liberar tensiones y de cuidar su cuerpo. Cuando pensamos positivamente sobre el ejercicio, es más fácil mantener una rutina constante, lo que contribuye a mejorar nuestra salud cardiovascular, a fortalecer nuestros músculos y a mejorar nuestro estado de ánimo.

Además, el pensamiento positivo nos ayuda a dormir mejor. El sueño es fundamental para nuestra salud, ya que durante la noche, nuestro cuerpo se recupera y repara los daños sufridos durante el día. Sin embargo, cuando nuestra mente está llena de preocupaciones y pensamientos negativos, podemos tener problemas para conciliar el sueño o para dormir profundamente. Las personas que practican el pensamiento positivo suelen tener menos dificultades para relajarse antes de dormir, lo que les permite descansar mejor y despertar con más energía al día siguiente. Dormir bien no solo nos hace sentir mejor, sino que también ayuda a mejorar nuestro sistema inmunológico, nuestra memoria y nuestra capacidad de concentración.

El pensamiento positivo también tiene un efecto protector contra los efectos del envejecimiento. Las personas que mantienen una actitud optimista a lo largo de su vida tienden a envejecer de manera más saludable, tanto física como mentalmente. Investigaciones han demostrado que aquellos que ven el envejecimiento como una parte natural y positiva de la vida, en lugar de temerlo o verlo como algo negativo, suelen mantener mejores capacidades cognitivas y físicas en la vejez. Además, el pensamiento positivo está relacionado con una mayor longevidad. Las personas optimistas suelen vivir más tiempo que aquellas que son más pesimistas, en parte debido a los efectos beneficiosos que el optimismo tiene sobre la salud en general.

Otro impacto del pensamiento positivo en la salud es su capacidad para ayudarnos a enfrentar mejor las enfermedades graves. Las personas que adoptan una actitud positiva cuando enfrentan una enfermedad suelen tener mejores resultados de recuperación. Esto no significa que el pensamiento positivo cure las enfermedades, pero sí puede ayudarnos a sobrellevar el proceso de curación con más fortaleza mental y emocional. Los pacientes que mantienen una mentalidad optimista suelen seguir mejor sus tratamientos, mantener una mejor comunicación con sus médicos y enfrentar los desafíos médicos con más esperanza, lo que puede marcar una gran diferencia en su recuperación.

El impacto del pensamiento positivo en la salud mental también es significativo. Cuando practicamos el pensamiento positivo, nuestra mente se vuelve más resiliente frente a los desafíos. Las personas que piensan de manera positiva tienden a experimentar menos depresión, ansiedad y otros trastornos mentales. Esto se debe a que el optimismo nos ayuda a ver las dificultades como temporales y manejables, en lugar de sentirnos abrumados por ellas. Además, el pensamiento positivo nos permite construir una mayor autoestima, lo que nos ayuda a sentirnos más seguros y capaces de enfrentar cualquier reto.

Es importante entender que el pensamiento positivo no significa ignorar los problemas o las dificultades de la vida. Todos enfrentamos momentos difíciles, y es normal sentirse triste o preocupado a veces. Pero el pensamiento positivo nos enseña a no quedarnos atrapados en esas emociones negativas, sino a encontrar una manera de salir adelante. Nos permite ver la luz al final del túnel, incluso en los momentos más oscuros, y nos da la fuerza para seguir luchando por nuestra salud y bienestar.

En resumen, el impacto del pensamiento positivo en la salud es enorme. No solo nos ayuda a sentirnos mejor emocionalmente, sino que también tiene beneficios físicos tangibles, como la reducción del estrés, la mejora del sistema inmunológico, la prevención de enfermedades del corazón y una mayor longevidad. Además, nos motiva a cuidar de nuestro cuerpo, a dormir mejor y a enfrentar las enfermedades con más fortaleza mental. Practicar el pensamiento positivo es una de las mejores cosas que podemos hacer por nuestra salud, y aunque puede requerir esfuerzo y práctica, los beneficios a largo plazo valen cada minuto de ese esfuerzo.

La Gratitud como Clave del Éxito Mental

La gratitud es una de las herramientas más poderosas que tenemos a nuestro alcance para mejorar nuestra salud mental y emocional. Muchas veces, cuando pensamos en el éxito, lo asociamos con logros externos: alcanzar metas, tener una carrera exitosa o lograr ciertos objetivos. Sin embargo, el verdadero éxito, el que nos brinda paz mental y felicidad duradera, tiene mucho que ver con cómo nos sentimos por dentro. Y la gratitud es la clave para lograr ese tipo de éxito.

Practicar la gratitud significa tomarnos un momento para reconocer y apreciar todo lo bueno que ya tenemos en nuestras vidas. No se trata de ignorar los problemas o fingir que todo es perfecto, sino de aprender a enfocarnos en lo positivo, en lugar de centrarnos solo en lo que nos falta o en lo que no está saliendo como queremos. A menudo, es fácil caer en la trampa de enfocarnos en lo negativo: en los errores, las dificultades o lo que creemos que nos falta. Pero cuando practicamos la gratitud, cambiamos ese enfoque y comenzamos a ver el mundo con otros ojos.

La gratitud tiene un impacto directo en nuestra mente. Cuando estamos agradecidos, activamos una parte de nuestro cerebro que nos hace sentir bien, generando emociones positivas como la felicidad, la satisfacción y la paz. Esto ocurre porque la gratitud nos hace darnos cuenta de que, a pesar de los problemas que podamos estar enfrentando, hay muchas cosas por las que estar agradecidos. Este simple cambio en nuestra perspectiva nos ayuda a reducir el estrés, a sentirnos más tranquilos y a mejorar nuestra salud mental en general.

Un ejemplo sencillo de cómo la gratitud puede transformar nuestra mentalidad es cuando nos enfrentamos a un desafío. En lugar de concentrarnos en lo difícil que es la situación o en el miedo al fracaso, podemos dar gracias por la oportunidad de aprender algo nuevo o de mejorar en lo que hacemos. Esta práctica cambia por completo la forma en que abordamos los problemas, ya que en lugar de verlos como obstáculos insuperables, los vemos como oportunidades para crecer.

Además, la gratitud nos ayuda a tener una visión más realista de nuestras vidas. Muchas veces, cuando no practicamos la gratitud, tendemos a subestimar lo que ya tenemos. Es fácil tomar por sentado cosas tan simples como la salud, la familia, el trabajo o incluso la posibilidad de disfrutar de un nuevo día. Sin embargo, cuando empezamos a ser conscientes de todas estas cosas y a agradecer por ellas, nos damos cuenta de lo afortunados que somos, y eso nos da una sensación de plenitud y éxito que no depende de las circunstancias externas.

Otro aspecto importante de la gratitud es que nos permite disfrutar más del presente. A menudo, nos pasamos la vida preocupados por el futuro o lamentándonos por el pasado, lo que nos impide disfrutar de lo que está ocurriendo en el momento. Sin embargo, cuando somos agradecidos, aprendemos a apreciar el aquí y el ahora. A veces, solo necesitamos detenernos un momento para darnos cuenta de las pequeñas cosas que nos rodean: un amanecer, una conversación con un amigo, una comida que disfrutamos. Al ser agradecidos por estos momentos, nuestra vida adquiere más sentido, y nos sentimos más conectados con nosotros mismos y con el mundo.

Practicar la gratitud también tiene beneficios para nuestras relaciones. Cuando somos agradecidos, tendemos a ver lo mejor en las personas que nos rodean. En lugar de centrarnos en sus defectos o en lo que nos molesta de ellas, comenzamos a apreciar sus cualidades, sus gestos amables y su compañía. Este cambio de perspectiva fortalece nuestras relaciones, ya que nos volvemos más comprensivos, más pacientes y más afectuosos. Además, cuando expresamos nuestra gratitud a los demás, ya sea con palabras o con acciones, generamos un ambiente de confianza y cariño que mejora la calidad de nuestras interacciones.

Es importante destacar que la gratitud no es algo que surge de manera automática. En muchas ocasiones, tenemos que hacer un esfuerzo consciente para practicarla. La vida puede ser complicada, y a veces es difícil ver el lado positivo cuando estamos lidiando con problemas. Sin embargo, la gratitud es como un músculo: cuanto más la practicamos, más fuerte se vuelve. Un ejercicio sencillo que puede ayudarnos a cultivar la gratitud es llevar un diario de gratitud. Cada día, podemos tomarnos unos minutos para escribir tres cosas por las que estamos agradecidos. No importa lo grandes o pequeñas que sean; lo importante es reconocerlas y apreciarlas. Con el tiempo, este hábito nos ayudará a cambiar nuestra mentalidad y a ser más conscientes de todo lo bueno que tenemos.

La gratitud también nos protege contra los efectos negativos de las comparaciones. En el mundo actual, es muy fácil caer en la tentación de compararnos con los demás, especialmente con las redes sociales que constantemente nos muestran las vidas aparentemente perfectas de otras personas. Sin embargo, cuando practicamos la gratitud, dejamos de enfocarnos en lo que otros tienen o hacen, y comenzamos a valorar lo que ya tenemos en nuestras propias vidas. Esto nos libera de la necesidad de compararnos y nos permite sentirnos más contentos y satisfechos con quienes somos y con lo que hemos logrado.

Además, la gratitud nos da una perspectiva más amplia de la vida. Nos recuerda que no estamos solos, que hay muchas personas que han contribuido a nuestro bienestar de una forma u otra. Ya sea la familia que nos apoya, los amigos que nos animan o incluso los desconocidos que, con un pequeño gesto, han mejorado nuestro día, la gratitud nos conecta con los demás. Esta conexión nos da una sensación de pertenencia y de propósito, lo que contribuye a nuestro éxito mental y emocional.

En resumen, la gratitud es una de las claves más importantes para alcanzar el éxito mental. No solo mejora nuestra salud mental y emocional, sino que también nos ayuda a disfrutar más de la vida, a fortalecer nuestras relaciones y a tener una visión más positiva de nosotros mismos y del mundo. Practicar la gratitud no significa que todo será perfecto o que no enfrentaremos desafíos, pero sí nos da las herramientas necesarias para afrontar esos desafíos con una mentalidad más positiva y constructiva. Y lo más importante, nos enseña a valorar lo que ya tenemos, lo que nos da una sensación de éxito y satisfacción que va más allá de cualquier logro material.

Enfocarse en las Soluciones, No en los Problemas

En la vida, todos enfrentamos problemas. Es parte de la experiencia humana. Desde pequeños contratiempos hasta desafíos más grandes, los problemas siempre estarán ahí, y no podemos evitarlos por completo. Sin embargo, lo que realmente define nuestro éxito y bienestar no es la cantidad de problemas que tenemos, sino cómo decidimos enfrentarlos. Una de las lecciones más valiosas que podemos aprender es enfocarnos en las soluciones, no en los problemas. Este simple cambio de enfoque puede transformar nuestra manera de vivir y ayudarnos a superar cualquier dificultad con una mentalidad más positiva y efectiva.

Cuando nos encontramos con un problema, es natural sentirnos frustrados, preocupados o incluso abrumados. A veces, nos quedamos atrapados pensando una y otra vez en lo malo que es el problema, en cómo nos afecta y en todo lo que podría salir mal. Este tipo de pensamiento, aunque común, no nos lleva a ningún lado. Cuanto más nos concentramos en el problema, más grande y complicado parece. Es como si estuviéramos mirando a través de una lupa: cada detalle negativo se magnifica y nos resulta cada vez más difícil ver una salida.

Pero aquí está la clave: los problemas, por sí mismos, no son lo que realmente nos causa estrés o malestar. Lo que verdaderamente nos afecta es nuestra reacción ante ellos. Si pasamos todo nuestro tiempo preocupándonos por el problema, solo estamos añadiendo más estrés a la situación. En cambio, si cambiamos nuestro enfoque hacia las soluciones, empezamos a tomar control de la situación. De repente, lo que parecía imposible de resolver se convierte en un desafío que podemos manejar.

Enfocarse en las soluciones significa, en primer lugar, aceptar que los problemas existen, pero no dejar que nos dominen. En lugar de quedarnos atrapados en el "¿Por qué me está pasando esto?" o el "Esto es demasiado difícil", debemos preguntarnos: "¿Qué puedo hacer para solucionarlo?" Este cambio de pregunta es poderoso, porque nos lleva de una posición de víctima a una posición de poder. Ya no estamos a merced del problema, sino que nos convertimos en protagonistas de nuestra propia historia, tomando decisiones activas para mejorar nuestra situación.

Una de las razones por las que muchas personas se sienten paralizadas ante los problemas es porque creen que necesitan encontrar una solución perfecta o definitiva. Pero la realidad es que, en la mayoría de los casos, no existe una única solución perfecta. Lo que importa es empezar a moverse en la dirección correcta, tomando pequeños pasos que nos acerquen a la solución. Tal vez el primer paso no resuelva el problema por completo, pero nos dará el impulso necesario para seguir avanzando y, con el tiempo, encontrar la solución más adecuada.

Otra parte importante de enfocarse en las soluciones es aprender a ver los problemas como oportunidades de crecimiento. Puede sonar cliché, pero es verdad: cada desafío que enfrentamos nos da la oportunidad de aprender algo nuevo, de desarrollar habilidades que antes no teníamos y de fortalecernos emocionalmente. Por ejemplo, si tienes un problema en el trabajo, en lugar de pensar en cómo te está afectando negativamente, podrías verlo como una oportunidad para mejorar tus habilidades de resolución de conflictos o para desarrollar nuevas estrategias que te hagan más eficiente en el futuro. Este cambio de perspectiva no solo reduce el estrés, sino que también te motiva a enfrentar el problema con una actitud más positiva.

Además, cuando nos enfocamos en las soluciones, nos volvemos más creativos. En lugar de quedarnos atrapados en una mentalidad fija, empezamos a pensar fuera de la caja. Buscamos alternativas, consideramos diferentes enfoques y estamos más dispuestos a probar cosas nuevas. A veces, la solución a un problema no es obvia al principio, pero si mantenemos una mente abierta y seguimos buscando, podemos encontrar soluciones que nunca habríamos imaginado si nos hubiéramos quedado enfocados solo en el problema.

Otro aspecto importante de enfocarse en las soluciones es que nos ayuda a mantener una mentalidad de progreso. A medida que comenzamos a tomar acciones para resolver un problema, incluso si son pequeñas, sentimos que estamos avanzando. Esto nos da un sentido de logro y nos motiva a seguir adelante. Por el contrario, cuando solo nos concentramos en el problema, sentimos que estamos estancados, lo que puede llevarnos a la frustración y, en algunos casos, incluso a la desesperanza. Pero cada pequeño paso hacia una solución es un recordatorio de que estamos haciendo algo para mejorar la situación, y eso nos da la energía para continuar.

También es importante recordar que no siempre necesitamos resolver los problemas solos. A veces, la mejor manera de encontrar una solución es pedir ayuda. Puede ser que alguien más ya haya enfrentado un problema similar y tenga ideas o experiencias que puedan ayudarnos. O tal vez, simplemente, necesitamos una nueva perspectiva para ver la situación desde otro ángulo. Pedir ayuda no es una señal de debilidad, sino de sabiduría. Nos permite acceder a recursos que no tendríamos de otra manera y nos ayuda a resolver los problemas de manera más rápida y efectiva.

Además, enfocarse en las soluciones no significa ignorar los aspectos negativos o ser ingenuo acerca de los problemas. Es importante reconocer los desafíos y ser realistas acerca de las dificultades que enfrentamos. Pero en lugar de quedarnos atrapados en lo negativo, usamos esa conciencia como una base para encontrar soluciones. Este enfoque nos permite ser proactivos en lugar de reactivos. No estamos negando la realidad del problema, simplemente estamos eligiendo no dejar que nos consuma.

Otro punto importante es que cuando nos enfocamos en las soluciones, estamos cultivando una mentalidad de abundancia. Esto significa que, en lugar de ver las dificultades como limitaciones insuperables, comenzamos a ver el mundo lleno de posibilidades. Creemos que siempre hay una solución, una salida, una manera de mejorar las cosas. Esta mentalidad nos empodera, ya que nos hace sentir que tenemos los recursos internos y externos para enfrentar cualquier desafío que se nos presente.

En resumen, enfocarse en las soluciones, en lugar de los problemas, es una de las habilidades más importantes que podemos desarrollar para llevar una vida más positiva y exitosa. Nos permite tomar control de nuestras circunstancias, ser proactivos y creativos, y avanzar hacia nuestras metas con confianza y determinación. Los problemas siempre estarán ahí, pero cómo los enfrentemos depende enteramente de nosotros. Al cambiar nuestro enfoque hacia las soluciones, no solo resolvemos los problemas de manera más efectiva, sino que también nos convertimos en personas más resilientes, optimistas y capaces. Este enfoque nos permite vivir con menos estrés y con una mayor sensación de logro y satisfacción. Y lo mejor de todo es que, con práctica, todos podemos aprender a enfocarnos en las soluciones y transformar nuestra manera de ver y enfrentar los desafíos de la vida.

55

Afrontando los Retos con una Mentalidad Positiva

Afrontar los retos de la vida con una mentalidad positiva puede marcar la diferencia entre sentirnos derrotados por las dificultades o convertirlas en oportunidades de crecimiento personal. A lo largo de nuestras vidas, todos enfrentamos momentos complicados: situaciones inesperadas, obstáculos que parecen insuperables o decisiones difíciles. Estos retos pueden surgir en cualquier ámbito, ya sea en el trabajo, en nuestras relaciones personales, en la salud o incluso en nuestros propios pensamientos y emociones. Sin embargo, lo que realmente define el resultado de estas experiencias no es tanto el reto en sí, sino cómo decidimos enfrentarlo.

Una mentalidad positiva no significa que ignoremos los problemas o que finjamos que todo es perfecto cuando no lo es. Ser positivo no es sinónimo de ser ingenuo o negar la realidad. Al contrario, tener una mentalidad positiva implica aceptar la realidad, pero elegir cómo reaccionar ante ella. Cuando adoptamos una mentalidad positiva frente a los retos, estamos eligiendo ver más allá del problema inmediato. Estamos eligiendo buscar soluciones, aprender de la situación y mantener la esperanza de que, con esfuerzo y paciencia, las cosas pueden mejorar.

Uno de los primeros pasos para enfrentar un reto con una mentalidad positiva es cambiar la forma en que lo vemos. A menudo, cuando nos encontramos con un obstáculo, nuestra primera reacción es pensar en lo negativo: en cómo nos afecta, en todo lo que podría salir mal o en lo injusta que parece la situación. Este tipo de pensamientos solo nos hunde más en la preocupación y el estrés. Sin embargo, si cambiamos nuestra perspectiva y comenzamos a ver los retos como oportunidades, nos abrimos a un mundo de posibilidades. Cada reto, por difícil que sea, puede enseñarnos algo valioso. Puede ayudarnos a desarrollar nuevas habilidades, a descubrir fortalezas que no sabíamos que teníamos o a crecer de maneras que nunca habríamos imaginado.

Por ejemplo, imagina que estás enfrentando un reto en el trabajo. Tal vez tienes una fecha límite muy ajustada, o te han asignado una tarea que nunca antes habías hecho. Es fácil sentirse abrumado en situaciones como esta y empezar a dudar de nuestras capacidades. Pero en lugar de centrarnos en lo difícil que es el reto, podríamos preguntarnos: "¿Qué puedo aprender de esto? ¿Cómo puedo mejorar mis habilidades o mi organización para enfrentar este desafío de la mejor manera posible?" Este simple cambio de enfoque nos ayuda a sentirnos más en control y a ver el reto como una oportunidad de crecimiento, en lugar de algo que nos sobrepasa.

Otro aspecto importante de la mentalidad positiva es la paciencia. Enfrentar retos no siempre es fácil, y muchas veces los resultados no se ven de inmediato. Es natural que queramos que las cosas se resuelvan rápido y de manera perfecta, pero la realidad es que algunos desafíos requieren tiempo y esfuerzo para ser superados. Mantener una mentalidad positiva implica ser pacientes con nosotros mismos y con el proceso. Aceptar que habrá momentos en los que las cosas no saldrán como esperamos, pero que eso no significa que no podamos seguir avanzando. Cada paso que damos, por pequeño que sea, nos acerca a superar el reto, y mantener esa paciencia es clave para no rendirnos en el camino.

Además, una mentalidad positiva nos permite mantener la calma en medio de la tormenta. Cuando nos enfrentamos a un reto, es fácil dejar que las emociones negativas como el miedo, la frustración o la ansiedad nos dominen. Pero cuando adoptamos una actitud positiva, nos damos el espacio para respirar, para reflexionar y para tomar decisiones más claras. Mantener la calma no significa que no sintamos presión o preocupación, pero sí significa que no dejamos que esas emociones tomen el control de nuestras acciones. Nos damos permiso para sentir, pero también para actuar desde un lugar de serenidad y confianza en que podemos encontrar una solución.

Una parte fundamental de afrontar los retos con una mentalidad positiva es creer en nuestras propias capacidades. Muchas veces, cuando enfrentamos un obstáculo, comenzamos a dudar de nosotros mismos. Pensamos que no somos lo suficientemente buenos, que no tenemos lo que se necesita para superar la situación o que es demasiado difícil para nosotros. Pero la verdad es que todos tenemos dentro de nosotros la capacidad de enfrentar cualquier reto, aunque en el momento no lo parezca. La clave está en confiar en nosotros mismos, en nuestras habilidades y en nuestra capacidad de aprender y adaptarnos. Incluso si no sabemos cómo resolver un problema de inmediato, tenemos la capacidad de buscar soluciones, de pedir ayuda si es necesario y de seguir intentándolo hasta encontrar la manera.

La perseverancia es otro componente esencial de una mentalidad positiva. A veces, los retos no se resuelven con un solo intento. Es posible que tengamos que probar diferentes enfoques, cometer errores en el camino o enfrentar fracasos temporales. Pero una mentalidad positiva nos ayuda a ver cada obstáculo como parte del proceso, no como un punto final. Nos permite seguir adelante, incluso cuando las cosas no salen como esperamos. La perseverancia es lo que nos mantiene en movimiento, lo que nos empuja a seguir buscando soluciones y lo que, al final, nos lleva a superar cualquier reto.

También es importante recordar que no estamos solos en nuestra lucha. Enfrentar los retos con una mentalidad positiva no significa que tengamos que hacerlo todo por nuestra cuenta. A veces, pedir ayuda o apoyo es la mejor manera de enfrentar una situación difícil. Rodearnos de personas que nos animen, que nos den una perspectiva diferente o que simplemente nos escuchen puede marcar una gran diferencia. Además, compartir nuestros desafíos con otros puede aliviar parte de la carga emocional y nos recuerda que no estamos solos en nuestros problemas.

Enfrentar los retos con una mentalidad positiva también tiene un impacto en nuestra salud mental y física. El estrés que experimentamos al enfrentar un problema puede afectar nuestra energía, nuestro sueño y nuestro bienestar general. Pero cuando adoptamos una actitud positiva, estamos reduciendo ese estrés. Estamos tomando el control de nuestra situación en lugar de dejar que el problema nos controle a nosotros. Este cambio de enfoque nos permite enfrentar los retos con una mente más clara y con una mayor sensación de bienestar.

Por último, una mentalidad positiva nos permite ver más allá del reto inmediato. Nos ayuda a mantener la perspectiva de que, aunque un desafío puede parecer enorme en el momento, es solo una parte de nuestra vida, no el todo. A veces, cuando estamos en medio de una situación difícil, parece que todo gira en torno a ese problema, pero una mentalidad positiva nos recuerda que hay muchas otras cosas en nuestra vida por las que estar agradecidos y que, con el tiempo, este reto también pasará.

En conclusión, afrontar los retos con una mentalidad positiva es una habilidad que todos podemos desarrollar. Requiere esfuerzo, pero los beneficios son enormes. Nos permite enfrentar los problemas con más serenidad, confianza y perseverancia. Nos ayuda a aprender de nuestras experiencias, a crecer y a mantener una perspectiva más amplia de la vida. Aunque los retos siempre estarán presentes, una mentalidad positiva nos da las herramientas para superarlos y salir más fuertes del otro lado.

La Importancia de Rodearse de Influencias Positivas

Rodearnos de influencias positivas es una de las decisiones más importantes que podemos tomar para nuestro bienestar emocional, mental e incluso físico. Las personas con las que pasamos tiempo, los lugares que frecuentamos, las actividades en las que nos involucramos y los mensajes que recibimos del mundo exterior tienen un gran impacto en nuestra forma de pensar, en nuestras emociones y, en última instancia, en la calidad de nuestras vidas. Aunque a veces no lo notemos de inmediato, las influencias que nos rodean tienen el poder de moldear nuestra manera de ver el mundo y cómo respondemos a las situaciones que enfrentamos. Por eso, elegir con cuidado nuestras influencias es fundamental para mantener una mentalidad positiva.

Primero, es importante entender qué son exactamente las influencias. En este contexto, hablamos de todo lo que nos rodea y que, de alguna manera, tiene un efecto en nosotros. Puede tratarse de personas, como nuestros amigos, familiares, compañeros de trabajo o incluso figuras públicas a las que seguimos en las redes sociales. También puede tratarse de los lugares en los que pasamos tiempo, como nuestro entorno laboral, el hogar o los espacios donde socializamos. Además, no debemos olvidar los medios de comunicación, la música que escuchamos, los libros que leemos, las películas que vemos y todo lo que consumimos en términos de información. Cada uno de estos elementos tiene el potencial de influir en cómo pensamos y sentimos.

Una de las razones más poderosas para rodearnos de influencias positivas es que, como seres humanos, somos increíblemente susceptibles a lo que sucede a nuestro alrededor. Nuestras emociones y pensamientos son como esponjas que absorben lo que vemos, escuchamos y experimentamos en nuestra vida diaria. Si pasamos mucho tiempo rodeados de negatividad, críticas constantes o personas que nos desmotivan, es probable que esa energía negativa también se refleje en nuestra propia actitud. Por ejemplo, si constantemente escuchamos comentarios pesimistas sobre el futuro o críticas destructivas sobre nuestras capacidades, empezaremos a dudar de nuestras propias habilidades y a sentirnos menos capaces de alcanzar nuestros objetivos.

Por otro lado, cuando nos rodeamos de personas y ambientes que fomentan el crecimiento, la positividad y el apoyo mutuo, nuestra mentalidad también cambia. Comenzamos a ver el mundo desde una perspectiva más optimista. Nos sentimos más inspirados a mejorar, a buscar soluciones en lugar de quedarnos atrapados en los problemas y a creer en nuestro potencial para superar desafíos. Las influencias positivas actúan como un recordatorio constante de que las dificultades son temporales y de que siempre hay una manera de seguir adelante, incluso en los momentos más complicados.

Las personas con las que compartimos nuestro tiempo juegan un papel crucial en este proceso. Piénsalo por un momento: si pasas la mayor parte de tu tiempo con alguien que siempre se queja, que nunca ve el lado bueno de las cosas o que constantemente critica a los demás, es probable que, sin darte cuenta, termines adoptando algunas de esas actitudes. Incluso podrías comenzar a sentirte más cansado emocionalmente después de interactuar con esa persona. Esto sucede porque la negatividad es contagiosa. Así como podemos absorber positividad de quienes nos rodean, también podemos absorber negatividad.

Por eso, es esencial elegir cuidadosamente a las personas con las que pasamos más tiempo. No se trata de abandonar a todos aquellos que están pasando por un mal momento o que tienen una actitud negativa de vez en cuando. Todos somos humanos y atravesamos altibajos. Pero sí es importante rodearnos de personas que nos apoyen, que nos inspiren y que nos motiven a ser la mejor versión de nosotros mismos. Busca personas que te hagan sentir bien contigo mismo, que te animen a seguir tus sueños y que vean el lado positivo de la vida. Estas personas no solo harán que tu día a día sea más agradable, sino que también te ayudarán a mantener una mentalidad positiva frente a los desafíos.

Además de las personas, el entorno físico en el que nos encontramos también tiene un impacto en nuestra mentalidad. Imagina que trabajas en un lugar desordenado, oscuro y ruidoso. Es probable que te sientas más estresado o desmotivado, simplemente por estar en ese entorno. Por el contrario, si trabajas en un espacio limpio, bien iluminado y tranquilo, te sentirás más en paz y con más energía para enfrentar tus tareas. Esto se aplica a todos los aspectos de nuestra vida: los lugares en los que pasamos tiempo, ya sea en el trabajo, en casa o en nuestras actividades de ocio, pueden afectar directamente nuestro estado mental.

Por eso, es útil hacer pequeños cambios en nuestro entorno para asegurarnos de que favorezcan una mentalidad positiva. Puede ser algo tan simple como organizar tu escritorio, decorar tu espacio con objetos que te inspiren o pasar más tiempo al aire libre. El entorno que creas a tu alrededor puede ser un reflejo de tu estado mental y, al mismo tiempo, puede influir en él. Cuanto más positivo, ordenado y agradable sea tu entorno, más fácil será mantener una actitud optimista y productiva.

Además, es importante tener en cuenta el tipo de contenido que consumimos. Hoy en día, estamos constantemente expuestos a una avalancha de información, especialmente a través de las redes sociales, la televisión y los medios digitales. No siempre somos conscientes de cómo todo ese contenido afecta nuestra forma de pensar. Si pasamos horas viendo noticias negativas o comparándonos con imágenes poco realistas de éxito en las redes sociales, es probable que comencemos a sentirnos desanimados o inseguros. Pero si, por el contrario, elegimos consumir contenido que nos inspire, que nos enseñe algo nuevo o que nos haga sentir bien, ese impacto será mucho más positivo en nuestra vida diaria.

Tomemos, por ejemplo, la decisión de leer libros que nos motiven o escuchar podcasts que nos ayuden a desarrollar una mentalidad más fuerte y optimista. Este tipo de influencias nos proporciona herramientas y perspectivas que podemos aplicar en nuestra vida diaria. Nos recuerda que el éxito y la felicidad no siempre son inmediatos, pero que con esfuerzo y una actitud positiva, podemos lograr nuestras metas. El contenido que consumimos actúa como un espejo para nuestros pensamientos y emociones, y si elegimos conscientemente consumir influencias positivas, ese reflejo será mucho más beneficioso para nuestro bienestar.

Un aspecto que también es clave en el impacto de las influencias positivas es cómo nos ayudan a mantenernos enfocados en lo que realmente importa. A menudo, nos distraemos con las preocupaciones o los comentarios negativos de los demás, lo que puede desviar nuestra atención de nuestras metas y deseos. Pero cuando nos rodeamos de influencias positivas, es más fácil mantener el enfoque en lo que es importante para nosotros. Estas influencias actúan como recordatorios constantes de que debemos seguir adelante, a pesar de las dificultades, y nos animan a no perder de vista nuestras metas.

Finalmente, rodearnos de influencias positivas no solo mejora nuestra propia mentalidad, sino que también nos ayuda a ser una influencia positiva para los demás. Cuando estamos en un buen estado mental, cuando nos sentimos apoyados y motivados, es más fácil transmitir esa energía positiva a las personas a nuestro alrededor. Nos convertimos en un faro de optimismo para los demás, lo que a su vez puede ayudarles a enfrentar sus propios retos con una actitud más positiva. De esta manera, al elegir rodearnos de influencias positivas, no solo estamos mejorando nuestra propia vida, sino también contribuyendo al bienestar de los demás.

En resumen, la importancia de rodearnos de influencias positivas no puede subestimarse. Desde las personas con las que interactuamos hasta el entorno que creamos y el contenido que consumimos, cada uno de estos factores tiene un impacto significativo en nuestra mentalidad y en cómo enfrentamos los retos de la vida. Al tomar decisiones conscientes para rodearnos de positividad, estamos creando un espacio propicio para el crecimiento, la felicidad y el éxito. Esto no solo nos ayuda a mantener una mentalidad más fuerte y optimista, sino que también nos permite ser una influencia positiva para los demás.

Programando tu Mente para el Éxito

Programar nuestra mente para el éxito es uno de los pasos más poderosos que podemos tomar en la vida. Todo lo que hacemos, cómo pensamos, las decisiones que tomamos y la forma en que enfrentamos los desafíos están directamente influenciados por nuestra mentalidad. Si nuestra mente está alineada con el éxito, no solo será más fácil alcanzar nuestras metas, sino que también disfrutaremos del proceso y superaremos los obstáculos con más confianza. La buena noticia es que, aunque nuestras creencias y pensamientos están profundamente arraigados, podemos reprogramar nuestra mente para pensar de una manera que nos conduzca al éxito.

Lo primero que debemos entender es que nuestra mente funciona como un sistema. Este sistema se alimenta de lo que le damos: nuestras experiencias, pensamientos, emociones y creencias. Si constantemente alimentamos nuestra mente con pensamientos negativos, dudas o inseguridades, esa será la programación que siga. Sin embargo, si comenzamos a introducir pensamientos positivos, creencias en nuestras habilidades y una visión clara de lo que queremos lograr, poco a poco nuestra mente se adaptará a este nuevo patrón, haciéndolo parte de su rutina.

Uno de los aspectos más importantes al reprogramar nuestra mente para el éxito es cambiar la forma en que pensamos sobre nosotros mismos. A menudo, los mayores obstáculos que enfrentamos no son las circunstancias externas, sino las barreras que nosotros mismos nos imponemos. Es común escuchar esa voz interna que nos dice "no soy lo suficientemente bueno", "esto es demasiado difícil" o "no voy a lograrlo". Estos pensamientos limitantes son el resultado de una programación negativa, quizás influenciada por experiencias pasadas, críticas de otros o simplemente por el miedo al fracaso. La clave está en identificar estos pensamientos y reemplazarlos con afirmaciones positivas que nos empoderen.

Por ejemplo, en lugar de pensar "esto es demasiado difícil para mí", podemos reprogramar nuestra mente para que piense "puedo aprender lo que sea necesario para superar este desafío". Este simple cambio en el pensamiento es más poderoso de lo que parece. Al sustituir los pensamientos limitantes por pensamientos constructivos y positivos, estamos diciéndole a nuestra mente que confíe en nuestras capacidades y que, aunque algo sea difícil, somos capaces de enfrentarlo y salir adelante. La mente, al recibir este tipo de mensajes repetidamente, comenzará a funcionar bajo esa premisa y nos dará la confianza que necesitamos para avanzar.

Otro aspecto clave para programar nuestra mente para el éxito es establecer metas claras. La mente humana necesita un propósito, una dirección hacia la cual avanzar. Cuando no tenemos metas claras, es fácil perderse en la rutina diaria o distraerse con cosas que no nos acercan a lo que realmente queremos. Sin embargo, cuando definimos lo que queremos, nuestra mente comienza a enfocarse automáticamente en encontrar maneras de lograrlo. Por ejemplo, si tu meta es mejorar en tu trabajo o iniciar un nuevo proyecto, es importante que esta meta esté claramente definida. No es lo mismo decir "quiero tener éxito" que decir "quiero aprender una nueva habilidad en los próximos tres meses para mejorar mi desempeño en el trabajo". Cuanto más específicas sean nuestras metas, más fácil será para nuestra mente encontrar el camino para alcanzarlas.

Una técnica efectiva para reprogramar la mente es la visualización. Este es un ejercicio simple pero extremadamente poderoso. Consiste en imaginar de manera clara y vívida el resultado que deseamos. Visualizar el éxito de manera detallada le da a nuestra mente una imagen concreta de lo que queremos lograr, lo que la ayuda a trabajar hacia ese objetivo. Por ejemplo, si quieres ser exitoso en una presentación importante, puedes visualizarte dando la presentación con confianza, recibiendo elogios de tus compañeros y sintiendo la satisfacción de haber hecho un buen trabajo. Este tipo de visualización no solo aumenta nuestra confianza, sino que también le da a nuestra mente una referencia positiva a la que puede recurrir cuando el miedo o la duda intenten aparecer.

Además, es fundamental practicar la constancia y la disciplina. Reprogramar la mente para el éxito no es algo que suceda de la noche a la mañana. Así como cualquier habilidad, se necesita tiempo y esfuerzo para cambiar los patrones de pensamiento. Al principio, puede resultar un poco difícil. Es posible que los pensamientos negativos o los viejos hábitos intenten regresar, pero es aquí donde la constancia juega un papel crucial. Cada vez que notes un pensamiento negativo o limitante, no te frustres. En lugar de eso, reemplázalo de inmediato por un pensamiento positivo. Con el tiempo, este proceso se volverá más automático y notarás que tu mente responde de manera más natural con pensamientos orientados al éxito.

Es igualmente importante rodearte de influencias que respalden esta nueva programación. Las personas con las que interactúas, las actividades que realizas y los contenidos que consumes tienen un gran impacto en tu mentalidad. Si te rodeas de personas que creen en ti, que te apoyan y que también tienen una mentalidad de éxito, esto refuerza la nueva programación de tu mente. Por el contrario, si pasas tiempo con personas que constantemente dudan de ti o que se enfocan en lo negativo, será más difícil mantener esa mentalidad positiva. Así que, parte de programar tu mente para el éxito implica también crear un entorno que te impulse a seguir adelante.

Otra herramienta fundamental en este proceso es la gratitud. La gratitud es una práctica que cambia nuestra perspectiva de la vida. Cuando nos enfocamos en lo que ya tenemos, en lugar de lo que nos falta, estamos entrenando a nuestra mente para ver las oportunidades en lugar de las carencias. La gratitud nos ayuda a darnos cuenta de lo lejos que hemos llegado, de todo lo que hemos superado y de los recursos con los que ya contamos. Este tipo de pensamiento nos pone en un estado mental de abundancia y nos predispone a atraer más éxito a nuestras vidas. Al practicar la gratitud diariamente, no solo estamos reforzando una mentalidad positiva, sino que también estamos creando un ambiente emocional que favorece el éxito.

Parte de la reprogramación mental también implica aprender a manejar el fracaso. El fracaso es una parte inevitable del camino hacia el éxito, y cómo lo percibimos tiene un impacto directo en si logramos nuestros objetivos o no. Muchas veces, cuando fallamos en algo, nuestra mente tiende a enfocarse en el aspecto negativo: "No lo logré", "Soy un fracaso", "No soy capaz de hacerlo". Sin embargo, si reprogramamos nuestra mente para ver el fracaso como una oportunidad de aprendizaje, estaremos mucho más preparados para enfrentar los desafíos futuros. En lugar de preguntarnos "¿por qué fallé?", podemos preguntarnos "¿qué puedo aprender de esto?" o "¿cómo puedo hacerlo mejor la próxima vez?". Este cambio de mentalidad transforma el fracaso en una herramienta de crecimiento y nos mantiene avanzando hacia nuestras metas.

El último punto clave para programar nuestra mente para el éxito es el autocuidado. A menudo, en nuestra búsqueda del éxito, olvidamos la importancia de cuidar de nosotros mismos. Sin embargo, una mente y un cuerpo saludables son esenciales para mantener una actitud positiva y productiva. Dormir bien, comer de manera equilibrada, hacer ejercicio regularmente y tomarse tiempo para relajarse y desconectarse son prácticas que fortalecen nuestra capacidad mental. Cuando nos sentimos bien físicamente, nuestra mente está más alerta, más enfocada y más capaz de enfrentar los retos con una actitud optimista.

En resumen, programar tu mente para el éxito es un proceso que requiere esfuerzo, disciplina y, sobre todo, constancia. Al cambiar la forma en que piensas sobre ti mismo, alinear tus metas y utilizar herramientas como la visualización, la gratitud y el manejo positivo del fracaso, estás creando una base sólida para alcanzar tus objetivos. Además, rodearte de influencias positivas y cuidar de tu bienestar físico y mental refuerza esta programación. Con el tiempo, notarás cómo tu mente se ajusta a esta nueva forma de pensar, permitiéndote avanzar con más confianza, resiliencia y determinación hacia el éxito que deseas.

Transmitiendo Positividad a los Demás

Transmitir positividad a los demás es una de las mejores formas de impactar el mundo que nos rodea. Nuestras palabras, nuestras acciones y la energía que proyectamos tienen un gran poder. A menudo, subestimamos el impacto que podemos tener en la vida de los demás simplemente siendo una fuente de energía positiva. Todos hemos tenido esa experiencia de estar cerca de alguien que, sin decir mucho, nos hace sentir bien, nos inspira o nos motiva a ver las cosas de una manera diferente. Esa es la magia de transmitir positividad, y es algo que todos podemos aprender a hacer si somos conscientes de cómo nuestras actitudes afectan a quienes nos rodean.

El primer paso para transmitir positividad es ser consciente de nuestro propio estado mental. No podemos dar lo que no tenemos. Si estamos constantemente en un estado de negatividad, pesimismo o estrés, es difícil que nuestra presencia sea una influencia positiva para los demás. Por eso, el primer trabajo que debemos hacer es con nosotros mismos. Cultivar una mentalidad positiva no solo nos beneficia a nosotros, sino que también nos pone en la posición de poder compartir esa actitud con otros. Cuando nos sentimos bien, es más fácil transmitir esa buena energía a quienes nos rodean.

Una de las formas más sencillas y poderosas de transmitir positividad es a través de nuestras palabras. Lo que decimos tiene un impacto directo en las personas que nos escuchan. Las palabras pueden ser una herramienta para levantar el ánimo, dar confianza o inspirar a alguien a seguir adelante. Pequeños gestos, como dar un cumplido genuino, mostrar aprecio o simplemente preguntar cómo está alguien con verdadero interés, pueden hacer una gran diferencia en el día de una persona. A veces, no nos damos cuenta de cuánto bien podemos hacer simplemente diciendo algo amable. En un mundo donde a menudo escuchamos críticas, quejas o comentarios negativos, un poco de amabilidad y positividad puede ser un cambio refrescante y necesario.

Transmitir positividad también implica aprender a escuchar. A menudo pensamos que ser positivos significa estar siempre hablando, motivando o compartiendo consejos, pero a veces, lo más positivo que podemos hacer por alguien es simplemente estar ahí y escuchar. Cuando alguien está pasando por un momento difícil, lo que más necesita no siempre es una solución, sino sentirse comprendido y apoyado. Al escuchar con atención, sin juzgar ni interrumpir, estamos ofreciendo un espacio seguro donde la otra persona puede expresarse y liberar sus emociones. Este acto de escucha activa puede ser increíblemente positivo y puede ayudar a la persona a ver sus problemas desde una perspectiva más clara.

Además de lo que decimos, nuestras acciones también son una forma poderosa de transmitir positividad. Nuestras acciones hablan más que nuestras palabras. Ser amables, ayudar a los demás cuando lo necesitan, mostrar empatía y estar dispuestos a tender una mano son formas efectivas de demostrar que realmente nos importan las personas a nuestro alrededor. Incluso los gestos pequeños, como ofrecer ayuda sin que nos lo pidan o hacer algo por alguien sin esperar nada a cambio, pueden tener un gran impacto. Cuando mostramos con nuestras acciones que estamos dispuestos a contribuir al bienestar de los demás, estamos creando un ambiente positivo donde las personas se sienten valoradas y apoyadas.

Una clave importante para transmitir positividad es ser auténtico. Las personas pueden sentir cuando alguien está siendo falso o está forzando una actitud positiva. La positividad genuina no se trata de ignorar los problemas o fingir que todo es perfecto. Se trata de reconocer las dificultades, pero elegir ver lo bueno en cada situación y en cada persona. Cuando somos auténticos en nuestra positividad, las personas a nuestro alrededor lo notan y lo aprecian. Se trata de encontrar ese equilibrio entre ser optimista y ser realista, y de demostrar que, a pesar de los problemas, hay siempre algo por lo que vale la pena sonreír o luchar.

Es importante entender que transmitir positividad no significa que debamos estar alegres o motivados todo el tiempo. Todos tenemos días difíciles, momentos de estrés o frustración, y eso es completamente normal. La clave está en cómo manejamos esos momentos y cómo impactamos a los demás cuando las cosas no están yendo bien. Incluso en medio de dificultades, podemos ser una influencia positiva al mostrar resiliencia, paciencia y una actitud constructiva. Cuando las personas ven que, a pesar de los problemas, mantenemos una actitud equilibrada y positiva, les estamos enseñando que es posible enfrentar los desafíos de manera efectiva sin caer en el pesimismo.

También es importante recordar que transmitir positividad no siempre significa grandes gestos o palabras. A veces, el simple hecho de ser una presencia tranquila y amable en la vida de alguien puede hacer toda la diferencia. No siempre necesitamos resolver los problemas de los demás o ser la fuente de grandes inspiraciones. A veces, simplemente estar ahí, mostrando apoyo y comprensión, es todo lo que alguien necesita para sentirse mejor. Nuestra energía, nuestra actitud, y cómo respondemos a las situaciones pueden influir en cómo los demás se sienten, incluso sin decir una palabra.

Otra manera de transmitir positividad es a través de nuestra actitud frente a los errores y los fracasos. Todos cometemos errores, y es fácil caer en la trampa de la autocrítica o el desánimo cuando las cosas no salen como esperamos. Sin embargo, si adoptamos una mentalidad que vea los errores como oportunidades de aprendizaje, podemos compartir esa perspectiva con los demás. En lugar de castigar a alguien o hacerle sentir mal por un error, podemos ofrecer apoyo, ayudarle a ver lo que puede aprender de la situación y motivarlo a seguir adelante. Al demostrar que los errores no son el fin del mundo, estamos enseñando a los demás a ser más amables consigo mismos y a enfrentar los desafíos con una actitud más positiva.

Finalmente, transmitir positividad a los demás también implica cuidarnos a nosotros mismos. Si no estamos bien, emocionalmente o físicamente, será difícil ser una fuente de apoyo para los demás. Por eso, es importante prestar atención a nuestras propias necesidades y asegurarnos de que estamos en un buen lugar mental y emocionalmente. Practicar el autocuidado no es un acto egoísta, sino una forma de asegurarnos de que estamos en condiciones de ofrecer lo mejor de nosotros a los demás. Ya sea tomándonos tiempo para relajarnos, practicar nuestras propias técnicas de manejo del estrés o buscar ayuda cuando la necesitamos, cuidar de nuestra salud mental y física nos permite estar más presentes y ser una influencia positiva para quienes nos rodean.

En conclusión, transmitir positividad a los demás es una habilidad que todos podemos desarrollar. Se trata de ser conscientes de nuestras palabras, nuestras acciones y nuestra actitud, y de entender el impacto que tenemos en la vida de quienes nos rodean. Desde ofrecer una palabra amable hasta escuchar con atención, pasando por nuestros gestos de ayuda y la forma en que enfrentamos los desafíos, cada una de nuestras interacciones es una oportunidad para hacer del mundo un lugar un poco más positivo. Y lo mejor de todo es que, al hacer esto, no solo estamos mejorando la vida de los demás, sino también la nuestra.

Cómo Convertir el Fracaso en Éxito

El fracaso es algo que todos experimentamos en algún momento de nuestras vidas. A menudo, lo vemos como algo negativo, como un obstáculo que se interpone en nuestro camino hacia el éxito. Sin embargo, lo que muchas personas no se dan cuenta es que el fracaso puede ser uno de los mayores maestros que tenemos. Convertir el fracaso en éxito no solo es posible, sino que es una habilidad clave para cualquier persona que quiera alcanzar sus metas y crecer a lo largo de su vida. Lo importante no es cuántas veces fracasamos, sino cómo respondemos a esos fracasos y qué aprendemos de ellos.

Una de las primeras cosas que debemos entender es que el fracaso no es lo contrario del éxito. Muchas personas piensan que si fallan, eso significa que no tienen lo necesario para triunfar. Pero en realidad, el fracaso es parte del camino hacia el éxito. Cada vez que fallamos, aprendemos algo nuevo sobre nosotros mismos, sobre nuestras habilidades y sobre lo que estamos tratando de lograr. Estos aprendizajes son como piezas de un rompecabezas que, poco a poco, nos acercan más al éxito. Si nunca fallamos, nunca sabríamos qué ajustes necesitamos hacer o qué habilidades necesitamos mejorar.

Una de las claves para convertir el fracaso en éxito es cambiar nuestra mentalidad sobre lo que significa fallar. En lugar de ver el fracaso como algo malo, podemos empezar a verlo como una oportunidad de crecimiento. Cada vez que algo no sale como esperábamos, tenemos la oportunidad de reflexionar sobre lo que pasó y preguntarnos: "¿Qué puedo aprender de esto?" Esta pregunta es fundamental, porque nos ayuda a enfocarnos en las lecciones que el fracaso nos está enseñando. Tal vez descubrimos que necesitamos más práctica en una determinada habilidad, o que la estrategia que estábamos usando no era la correcta. Cualquiera que sea la lección, el hecho de aprender de nuestros errores nos hace más fuertes y más capaces de enfrentar futuros desafíos.

Es importante entender que muchas de las personas más exitosas del mundo han experimentado fracasos en su camino. De hecho, algunos de los mayores logros en la historia han sido el resultado de fracasos repetidos. Un ejemplo clásico es el de Thomas Edison, quien fracasó miles de veces antes de inventar la bombilla eléctrica. Cuando le preguntaron sobre sus fracasos, él respondió que no había fracasado, sino que había encontrado miles de formas en las que no funcionaba. Este tipo de mentalidad es crucial. Edison no veía sus fracasos como el fin del camino, sino como una parte inevitable del proceso de descubrimiento. Cada intento fallido lo acercaba más a su meta, porque aprendía algo nuevo con cada error.

Otro aspecto importante para convertir el fracaso en éxito es no tener miedo de fallar. A menudo, el miedo al fracaso nos paraliza y nos impide tomar riesgos o intentar cosas nuevas. Pero lo que muchas veces olvidamos es que sin riesgo, no hay recompensa. Si siempre jugamos a lo seguro, nunca sabremos de lo que somos realmente capaces. El fracaso es parte de cualquier esfuerzo significativo, y aceptar esto nos libera de la presión de tener que hacerlo todo bien a la primera. Cuantas más veces nos atrevamos a fallar, más oportunidades tendremos de aprender, mejorar y finalmente alcanzar el éxito.

También es útil rodearse de personas que entiendan el valor del fracaso y que nos apoyen en nuestros momentos difíciles. A veces, cuando fallamos, nos sentimos solos o avergonzados, como si fuéramos los únicos que están luchando. Pero la realidad es que todos, en algún momento, hemos enfrentado fracasos. Tener un grupo de apoyo, ya sean amigos, familiares o mentores, puede ayudarnos a mantener una perspectiva positiva y a no rendirnos. Estas personas pueden recordarnos que el fracaso no es el fin, sino solo una parte del proceso.

Además, es importante no dejar que un fracaso defina nuestra autoestima. Muchas personas, cuando fallan, sienten que eso significa que no son lo suficientemente buenas o capaces. Pero es fundamental recordar que el fracaso no define quiénes somos. Un error o un revés no nos hace menos valiosos como personas. Lo que realmente importa es cómo reaccionamos ante el fracaso y qué hacemos con lo que hemos aprendido. Si permitimos que el fracaso nos hunda, estaremos perdiendo una gran oportunidad de crecimiento. En cambio, si lo usamos como una plataforma para impulsarnos hacia adelante, estaremos mucho más cerca de lograr nuestras metas.

Otra estrategia para convertir el fracaso en éxito es la persistencia. A veces, después de un fracaso, la tentación de rendirse puede ser muy fuerte. Puede parecer más fácil abandonar el objetivo que seguir adelante después de una caída. Pero la diferencia entre quienes logran el éxito y quienes no, a menudo, es la capacidad de seguir intentándolo, incluso cuando las cosas no salen como se esperaba. La persistencia es clave. Cada intento fallido nos acerca un poco más a nuestro objetivo, siempre y cuando no dejemos de intentarlo. La historia está llena de ejemplos de personas que fracasaron una y otra vez, pero que finalmente alcanzaron el éxito porque nunca dejaron de perseguir sus sueños.

Para convertir el fracaso en éxito también es importante ser flexible. A veces, el fracaso nos muestra que necesitamos cambiar de dirección o ajustar nuestras estrategias. Ser capaz de adaptarnos a las circunstancias y hacer cambios cuando sea necesario es una habilidad clave en el camino hacia el éxito. Si nos aferramos tercamente a una forma de hacer las cosas, es probable que nos encontremos fallando una y otra vez. Pero si estamos dispuestos a ser flexibles y a probar nuevas aproximaciones, aumentamos nuestras probabilidades de encontrar una solución que funcione.

Finalmente, es fundamental mantener una actitud positiva ante el fracaso. Aunque puede ser frustrante o doloroso fallar, es importante no perder de vista el hecho de que cada revés nos brinda una oportunidad de aprendizaje y mejora. Mantener una perspectiva optimista nos ayuda a no desanimarnos y a seguir avanzando. Recordemos que el fracaso no es algo permanente. Es solo un paso en el camino hacia el éxito, y si lo enfrentamos con una mentalidad abierta y positiva, podemos transformar incluso los momentos más difíciles en oportunidades de crecimiento y logro.

En resumen, convertir el fracaso en éxito es una cuestión de mentalidad y enfoque. Se trata de ver los fracasos no como obstáculos insuperables, sino como oportunidades para aprender, crecer y mejorar. Al cambiar nuestra perspectiva sobre el fracaso, aprender de nuestros errores, mantenernos persistentes y ser flexibles en nuestro enfoque, podemos transformar cualquier revés en un peldaño más hacia el éxito. Así que la próxima vez que enfrentes un fracaso, recuerda que estás un paso más cerca de lograr lo que te propones.

El Pensamiento Positivo en la Gestión del Estrés

El estrés es una parte inevitable de la vida. Todos, en algún momento, hemos sentido esa presión en el pecho, esa ansiedad que parece que nos paraliza o esa sensación de estar abrumados por las circunstancias. Ya sea por el trabajo, la escuela, los problemas familiares o cualquier otra situación, el estrés puede aparecer y afectarnos de diferentes maneras. Sin embargo, lo que mucha gente no sabe es que el pensamiento positivo puede ser una herramienta muy poderosa para manejar y reducir el estrés. En lugar de dejarnos llevar por el estrés, podemos aprender a manejarlo de manera efectiva si cambiamos la forma en que pensamos sobre las situaciones que lo provocan.

El pensamiento positivo no se trata de ignorar los problemas o pretender que todo está bien cuando claramente no lo está. Más bien, se trata de cambiar nuestra perspectiva sobre lo que está ocurriendo. Cuando enfrentamos una situación estresante, a menudo nuestra primera reacción es entrar en pánico o pensar en lo peor que podría suceder. Esto, por supuesto, solo agrava el problema, ya que nos concentramos en lo negativo y nos dejamos llevar por el miedo y la ansiedad. El pensamiento positivo, en cambio, nos invita a detenernos por un momento, respirar y replantearnos la situación desde un punto de vista más constructivo.

Una forma de empezar a aplicar el pensamiento positivo en la gestión del estrés es aprender a identificar los pensamientos negativos automáticos que nos surgen en momentos de tensión. Estos pensamientos suelen ser rápidos y casi automáticos, y a menudo son del tipo "No voy a poder con esto", "Esto es demasiado para mí" o "Todo va a salir mal". Estos pensamientos aumentan nuestro nivel de estrés y nos hacen sentir impotentes frente a los problemas. La clave está en detenernos, reconocer esos pensamientos y desafiarlos. En lugar de asumir lo peor, podemos preguntarnos: "¿Realmente es tan malo como parece?" o "¿Qué puedo hacer para solucionar esto?"

El simple hecho de hacer una pausa y cuestionar nuestros pensamientos negativos ya nos pone en una posición más poderosa frente al estrés. Muchas veces, nos damos cuenta de que la situación no es tan terrible como pensábamos inicialmente, o que tenemos más control sobre ella de lo que habíamos creído. Esto no significa que el problema desaparezca, pero al menos, nos ayuda a verlo de una forma más manejable. Cambiar nuestros pensamientos negativos por pensamientos más positivos o realistas nos da una mayor sensación de control y reduce la ansiedad.

Otra técnica muy útil en la gestión del estrés mediante el pensamiento positivo es la práctica de la gratitud. Cuando estamos estresados, tendemos a centrarnos únicamente en lo que está mal en nuestra vida. Nos olvidamos de las cosas buenas, por pequeñas que sean, y esto amplifica aún más nuestra sensación de estar abrumados. Tomarse unos minutos para reflexionar sobre las cosas por las que estamos agradecidos puede cambiar completamente nuestra perspectiva. Puede ser algo tan simple como estar agradecido por tener salud, por tener un techo sobre nuestra cabeza o por el apoyo de un ser querido. Este pequeño cambio de enfoque puede reducir significativamente el estrés, ya que nos recuerda que, a pesar de los problemas, también hay muchas cosas buenas en nuestras vidas.

El pensamiento positivo también nos ayuda a manejar el estrés al fomentar una mentalidad de solución en lugar de una mentalidad de problema. Cuando estamos estresados, es fácil quedarnos atrapados en un ciclo de preocupación, dándole vueltas al problema sin buscar una salida. Esto solo aumenta nuestro nivel de estrés. Pero cuando cambiamos nuestro enfoque hacia la solución, empezamos a pensar en lo que podemos hacer para mejorar la situación. No importa lo pequeño que sea el paso, el hecho de estar tomando acción nos hace sentir más en control y menos abrumados. El simple acto de pasar de la preocupación a la acción ya reduce el estrés considerablemente.

Un aspecto clave del pensamiento positivo es que nos ayuda a mantener la calma en momentos de estrés. El estrés tiende a activar nuestra respuesta de "lucha o huida", una reacción natural del cuerpo ante situaciones percibidas como amenazantes. Esta respuesta nos prepara para enfrentarnos al peligro, pero en situaciones de la vida cotidiana, como un problema en el trabajo o una discusión con alguien, esta reacción puede ser contraproducente. Nos pone en un estado de alerta constante y aumenta nuestra ansiedad. El pensamiento positivo nos permite detenernos, respirar y responder de manera más calmada y racional. En lugar de reaccionar impulsivamente, podemos tomarnos un momento para pensar en la mejor forma de manejar la situación.

Además, el pensamiento positivo nos ayuda a ver el estrés desde una perspectiva diferente. En lugar de ver el estrés como algo totalmente negativo, podemos empezar a verlo como una oportunidad de crecimiento. Cada desafío que enfrentamos nos da la oportunidad de aprender algo nuevo sobre nosotros mismos y de desarrollar nuevas habilidades. Por ejemplo, si estamos estresados por una carga de trabajo abrumadora, tal vez es una oportunidad para aprender a gestionar mejor nuestro tiempo o para delegar tareas. Si vemos el estrés como una oportunidad en lugar de como una amenaza, cambia completamente la forma en que lo experimentamos.

Es importante destacar que el pensamiento positivo no elimina el estrés por completo. Todos enfrentaremos situaciones difíciles en algún momento, y habrá momentos en los que el estrés será inevitable. Sin embargo, lo que sí hace el pensamiento positivo es reducir el impacto que el estrés tiene en nosotros. Nos permite manejar mejor las situaciones y nos ayuda a evitar que el estrés se acumule hasta el punto de afectar nuestra salud o nuestras relaciones.

Otra técnica que va de la mano con el pensamiento positivo en la gestión del estrés es el autocuidado. El estrés puede agotarnos física y mentalmente, y si no nos cuidamos, es más difícil mantener una actitud positiva. Dedicar tiempo para relajarnos, hacer ejercicio, comer bien y dormir lo suficiente son aspectos fundamentales para mantenernos equilibrados. Cuando nos sentimos bien físicamente, es más fácil pensar de manera positiva y enfrentar el estrés con una mente más clara. Cuidar de nosotros mismos no es un lujo, es una necesidad, especialmente cuando estamos lidiando con situaciones estresantes.

También es útil practicar la respiración profunda o la meditación como formas de calmar la mente y reducir el estrés. Estas técnicas nos ayudan a concentrarnos en el presente y a soltar los pensamientos negativos o preocupaciones que nos mantienen estresados. Tomarse unos minutos al día para respirar profundamente o para meditar puede hacer una gran diferencia en cómo manejamos el estrés a lo largo del día. Nos permite desconectar, relajarnos y recargar energías, lo que a su vez nos ayuda a mantener una actitud positiva.

En conclusión, el pensamiento positivo es una herramienta poderosa para gestionar el estrés. Al cambiar nuestra perspectiva, desafiar los pensamientos negativos, centrarnos en las soluciones y practicar la gratitud, podemos reducir el impacto del estrés en nuestras vidas. No podemos evitar el estrés por completo, pero podemos elegir cómo responder a él. Y al elegir el pensamiento positivo, no solo estamos manejando mejor el estrés, sino que también estamos creando un ambiente mental más saludable y equilibrado para nosotros mismos. Con práctica y dedicación, podemos aprender a enfrentar las situaciones estresantes de la vida con una actitud más calmada y positiva.

La Mentalidad de un Ganador

La mentalidad de un ganador no es algo con lo que se nace, es algo que se desarrolla con el tiempo. Muchas veces, asociamos la palabra "ganador" con alguien que tiene éxito en lo que hace, alguien que siempre logra lo que se propone. Pero lo que realmente define a un ganador no es solo el resultado, sino cómo piensa, cómo enfrenta los desafíos y cómo persevera, incluso cuando las cosas no van bien. Tener una mentalidad de ganador no significa ganar siempre, sino aprender a seguir adelante a pesar de los fracasos, las dificultades y los obstáculos que se presentan en el camino.

La clave de la mentalidad de un ganador es su enfoque en el crecimiento. Para alguien con esta mentalidad, cada situación, ya sea un éxito o un fracaso, es una oportunidad para aprender y mejorar. Un ganador no se conforma con lo que ya sabe o lo que ya ha logrado, sino que siempre está buscando maneras de crecer y desarrollarse. No ven los desafíos como barreras insuperables, sino como oportunidades para desarrollar nuevas habilidades o descubrir formas creativas de superar los problemas. Esta mentalidad de crecimiento es lo que permite a los ganadores seguir avanzando, incluso cuando enfrentan dificultades.

Otro aspecto importante de la mentalidad de un ganador es la creencia en uno mismo. Esto no significa tener una confianza ciega o pensar que se es perfecto, sino más bien confiar en la capacidad de mejorar y superar los desafíos. Un ganador cree que, con esfuerzo y dedicación, puede lograr lo que se propone, incluso si al principio parece difícil o imposible. Esta autoconfianza es lo que les permite tomar riesgos, salir de su zona de confort y no temer al fracaso. Saben que el fracaso es parte del proceso y que cada intento fallido los acerca un paso más a su meta.

La perseverancia es otro rasgo esencial en la mentalidad de un ganador. Las personas con esta mentalidad no se rinden fácilmente. Entienden que el éxito no siempre llega de inmediato y que, en muchos casos, requerirá esfuerzo constante a lo largo del tiempo. Los ganadores no se desaniman por los contratiempos o las dificultades. En lugar de verlos como señales de que deberían rendirse, los ven como pruebas que los harán más fuertes y más capaces en el futuro. La perseverancia es lo que les permite seguir adelante cuando otros se detienen. No importa cuántas veces fallen, siempre están dispuestos a intentarlo una vez más.

Además, un ganador tiene una mentalidad orientada hacia las soluciones. En lugar de centrarse en los problemas o las dificultades, buscan activamente formas de resolverlos. Esto no significa que ignoren los problemas, sino que no se quedan atrapados en ellos. Un ganador se pregunta constantemente: "¿Qué puedo hacer para mejorar esta situación?" o "¿Cómo puedo superar este obstáculo?" Al concentrarse en las soluciones en lugar de en los problemas, mantienen una actitud positiva y proactiva, lo que les permite avanzar, incluso en las circunstancias más difíciles.

Otra característica importante de la mentalidad de un ganador es la resiliencia. La vida está llena de altibajos, y un ganador entiende que los momentos difíciles son temporales. La resiliencia es la capacidad de recuperarse rápidamente de las dificultades, de adaptarse a los cambios y de seguir adelante, incluso cuando las cosas no van como se esperaba. Los ganadores no se quedan lamentándose por lo que salió mal, sino que aprenden de sus errores y utilizan esas lecciones para mejorar. Saben que cada fracaso es una oportunidad para crecer y que la verdadera medida del éxito no es cuántas veces caes, sino cuántas veces te levantas.

La mentalidad de un ganador también se caracteriza por su capacidad para mantener el enfoque en sus objetivos. Es fácil distraerse con las dificultades o las críticas, pero un ganador sabe cómo mantener su atención en lo que realmente importa. Tienen una visión clara de lo que quieren lograr y no permiten que las distracciones o los obstáculos los desvíen de su camino. Esto no significa que sean rígidos en su enfoque; de hecho, los ganadores son flexibles y están dispuestos a ajustar su plan cuando es necesario. Pero nunca pierden de vista su objetivo final. Esta capacidad para mantenerse enfocados es lo que les permite avanzar, incluso cuando otros pierden la dirección.

Además, los ganadores no ven el éxito como algo individual. Entienden que el verdadero éxito a menudo requiere colaboración y apoyo de otros. No tienen miedo de pedir ayuda cuando la necesitan y valoran el trabajo en equipo. Saben que rodearse de personas positivas y con mentalidad de éxito puede hacer una gran diferencia en sus logros. Un ganador sabe que las personas con las que se asocia pueden influir en su mentalidad, por lo que eligen conscientemente estar rodeados de personas que los inspiren, los motiven y los impulsen a ser mejores.

Otro aspecto fundamental de la mentalidad de un ganador es la autodisciplina. Para alcanzar el éxito en cualquier área de la vida, es necesario tener la capacidad de trabajar de manera constante, incluso cuando no se sienta motivación o cuando las circunstancias no sean ideales. Los ganadores saben que la motivación es pasajera, pero la autodisciplina es lo que los mantendrá en el camino hacia sus metas a largo plazo. No dependen únicamente de sentirse inspirados o motivados. En cambio, han desarrollado hábitos que los mantienen en movimiento, incluso cuando las cosas se ponen difíciles. La autodisciplina es lo que les permite superar la procrastinación, mantenerse enfocados y continuar trabajando hacia sus objetivos, día tras día.

También es importante mencionar que la mentalidad de un ganador incluye una fuerte ética de trabajo. Los ganadores no temen poner el esfuerzo necesario para alcanzar sus metas. Saben que el éxito no llega por accidente o por suerte, sino como resultado de un trabajo duro y constante. Tienen una actitud de "si quiero algo, tengo que trabajar por ello". Y aunque a veces ese trabajo puede ser arduo y difícil, lo ven como una parte esencial del proceso. Esta ética de trabajo les permite enfrentar cualquier desafío con la confianza de que, con el esfuerzo adecuado, podrán superarlo.

Finalmente, la mentalidad de un ganador se basa en la creencia de que siempre hay espacio para mejorar. No importa cuán exitoso sea alguien, un verdadero ganador nunca deja de aprender. Están constantemente buscando formas de mejorar, ya sea adquiriendo nuevas habilidades, aprendiendo de sus errores o buscando retroalimentación de otros. Saben que el camino hacia el éxito no tiene un final fijo, sino que es un viaje continuo de crecimiento y mejora personal. Esta mentalidad de aprendizaje constante les permite mantenerse competitivos y siempre un paso adelante.

En resumen, la mentalidad de un ganador no se trata simplemente de ganar en el sentido tradicional de la palabra. Se trata de adoptar una actitud de crecimiento, de aprender de los errores, de mantener el enfoque en las soluciones, de ser resiliente ante los desafíos y de trabajar con autodisciplina y determinación hacia las metas. Tener la mentalidad de un ganador significa creer en uno mismo, pero también estar dispuesto a trabajar duro, aprender constantemente y nunca rendirse, sin importar cuántas veces las cosas no salgan como esperábamos. Esta es la verdadera esencia de lo que significa ser un ganador.

Construyendo Hábitos Positivos

Construir hábitos positivos es una de las claves más importantes para vivir una vida plena y satisfactoria. Muchas veces, cuando pensamos en los hábitos, solo nos enfocamos en las acciones que repetimos día tras día, como cepillarnos los dientes o tomar una taza de café por la mañana. Pero los hábitos son mucho más que simples rutinas; son las acciones repetidas que forman la base de nuestra vida. Si queremos mejorar nuestra salud mental, física y emocional, necesitamos empezar por construir hábitos que nos ayuden a alcanzar esos objetivos. La buena noticia es que los hábitos positivos no son algo fuera de nuestro alcance. Cualquiera puede desarrollarlos, pero, como todo lo valioso en la vida, requiere tiempo, paciencia y esfuerzo constante.

Para entender cómo construir hábitos positivos, primero necesitamos saber qué es un hábito. Un hábito es una acción que repetimos de manera automática, sin tener que pensar mucho en ello. Al principio, cuando comenzamos a hacer algo nuevo, tenemos que ser muy conscientes de lo que estamos haciendo, pero con el tiempo y la repetición, esa acción se convierte en parte de nuestra rutina diaria. Por ejemplo, cuando empezamos a aprender a conducir un coche, cada pequeño movimiento requiere nuestra atención. Pero después de un tiempo, conducir se vuelve algo natural, casi automático. Así es como funcionan los hábitos. Cuanto más repetimos una acción, más fácil y natural se vuelve.

El primer paso para construir hábitos positivos es identificar cuáles son las áreas de nuestra vida en las que queremos mejorar. Esto puede ser en nuestra salud, nuestras relaciones, nuestro trabajo o incluso nuestra actitud mental. A menudo, los pequeños cambios pueden generar grandes resultados con el tiempo. Por ejemplo, si queremos mejorar nuestra salud física, un hábito positivo puede ser salir a caminar 10 minutos todos los días. Si queremos mejorar nuestras relaciones, un hábito positivo podría ser tomarnos unos minutos cada día para enviar un mensaje a un amigo o familiar, simplemente para mostrarle que nos importa. Si queremos mejorar nuestra salud mental, podríamos empezar a practicar la gratitud, dedicando unos minutos al día para reflexionar sobre las cosas buenas que tenemos en la vida.

Es importante comenzar con hábitos pequeños y alcanzables. Muchas personas fallan en su intento de crear hábitos positivos porque intentan hacer cambios demasiado grandes o demasiado rápidos. Por ejemplo, si nunca hemos hecho ejercicio y de repente decidimos que vamos a hacer una hora de ejercicio intenso todos los días, es muy probable que nos desanimemos y abandonemos el hábito después de unos pocos días. En cambio, si empezamos con algo pequeño, como caminar durante 10 minutos al día, es mucho más probable que lo mantengamos a largo plazo. Con el tiempo, podemos aumentar gradualmente la duración o la intensidad, pero lo más importante es empezar de manera realista y sostenible.

La consistencia es otro factor clave en la construcción de hábitos positivos. Para que un hábito se arraigue realmente en nuestra rutina diaria, necesitamos hacerlo de manera constante, idealmente todos los días. La repetición es lo que convierte una acción en un hábito. Cuanto más repetimos una acción, más fácil se vuelve. Al principio, puede parecer un poco difícil o incómodo, pero con el tiempo, se vuelve parte natural de nuestra vida. Es como aprender a montar en bicicleta. Al principio, puede que necesitemos ayuda o apoyo, pero con la práctica constante, eventualmente podremos hacerlo sin esfuerzo.

Otro aspecto importante es tener paciencia. Los hábitos no se forman de la noche a la mañana. Según algunos estudios, puede llevar entre 21 y 66 días, o incluso más, para que un nuevo hábito se convierta en parte de nuestra rutina diaria. Esto significa que es completamente normal que al principio nos cueste trabajo. Habrá días en los que no tengamos ganas de hacer esa caminata diaria, o en los que se nos olvide practicar la gratitud. Pero lo importante es no rendirse. Un mal día no significa que todo el progreso esté perdido. Si fallamos un día, simplemente volvemos a intentarlo al día siguiente. Lo que importa es la consistencia a largo plazo, no la perfección.

Un truco útil para facilitar la creación de hábitos positivos es vincular el nuevo hábito que queremos desarrollar con algo que ya hacemos regularmente. Esto se conoce como "apilamiento de hábitos". Por ejemplo, si queremos crear el hábito de meditar todos los días, podríamos hacerlo inmediatamente después de cepillarnos los dientes por la mañana, ya que cepillarnos los dientes es algo que ya hacemos automáticamente. De esta manera, es más fácil integrar el nuevo hábito en nuestra rutina diaria. Otro ejemplo sería escuchar un podcast educativo mientras conducimos al trabajo o tomar un vaso de agua justo después de levantarnos. Al vincular un nuevo hábito a uno existente, es mucho más probable que lo mantengamos.

La motivación es otra pieza clave en la construcción de hábitos positivos. Necesitamos tener claro por qué estamos haciendo ese cambio y cómo nos beneficiará a largo plazo. Por ejemplo, si nuestro objetivo es hacer ejercicio regularmente, la motivación puede ser mejorar nuestra salud, aumentar nuestra energía o sentirnos mejor con nosotros mismos. Si tenemos claro el "por qué" detrás del hábito, será más fácil mantenerlo, incluso cuando no tengamos ganas. Es útil recordar que los beneficios de los hábitos positivos a menudo no se ven de inmediato. Puede que al principio no notemos grandes cambios, pero con el tiempo, esos pequeños esfuerzos diarios se acumulan y producen resultados significativos.

Un aspecto interesante de los hábitos es que suelen tener un efecto dominó en otras áreas de nuestra vida. Esto significa que al desarrollar un hábito positivo en una área, es probable que empiece a influir positivamente en otras. Por ejemplo, si empezamos a hacer ejercicio regularmente, es posible que también empecemos a comer de manera más saludable o a dormir mejor. De la misma manera, si desarrollamos el hábito de la gratitud, podemos empezar a sentirnos más optimistas y a tener mejores relaciones con los demás. Los hábitos positivos tienden a fortalecerse mutuamente, creando un círculo virtuoso en nuestra vida.

Por supuesto, construir hábitos positivos no es solo cuestión de eliminar los malos hábitos. A veces, los malos hábitos pueden interferir con los nuevos hábitos que queremos desarrollar. Por ejemplo, si queremos leer más, pero tenemos el hábito de pasar horas frente a la televisión o las redes sociales, será difícil encontrar tiempo para la lectura. En estos casos, es importante ser conscientes de los hábitos negativos que nos están frenando y trabajar en reemplazarlos por hábitos más constructivos. En lugar de intentar eliminar un mal hábito de golpe, puede ser útil reemplazarlo por algo positivo. Por ejemplo, si queremos dejar de revisar el teléfono constantemente, podríamos reemplazar ese hábito con el de leer un libro o hacer una actividad productiva.

En resumen, construir hábitos positivos es una de las mejores formas de mejorar nuestra vida de manera sostenible. Al identificar las áreas en las que queremos mejorar, comenzar con pequeños cambios, ser consistentes y pacientes, y encontrar formas de integrar los nuevos hábitos en nuestra rutina diaria, podemos desarrollar hábitos que nos ayuden a vivir una vida más plena, saludable y satisfactoria. Los hábitos no son algo que se forme de la noche a la mañana, pero con esfuerzo y dedicación, cualquier persona puede desarrollar hábitos positivos que le permitan alcanzar sus metas y mejorar su bienestar a largo plazo.

El Poder de las Afirmaciones

El poder de las afirmaciones es una herramienta increíblemente valiosa que puede transformar la manera en que pensamos y sentimos acerca de nosotros mismos y del mundo que nos rodea. Las afirmaciones son declaraciones positivas que repetimos, con la intención de influir en nuestros pensamientos y, eventualmente, en nuestras acciones. Aunque a simple vista puede parecer una técnica muy sencilla, el impacto que puede tener en nuestras vidas es profundo. Al repetir afirmaciones positivas, poco a poco estamos reprogramando nuestra mente para enfocarse en lo positivo, en lo que podemos lograr, y en las oportunidades en lugar de los obstáculos. Es una forma de entrenar nuestra mente para que se alinee con nuestras metas y nuestros sueños.

El principio detrás de las afirmaciones es que nuestros pensamientos tienen un gran poder sobre cómo experimentamos la vida. Todos tenemos una voz interna que habla con nosotros durante todo el día, una especie de diálogo interno que puede ser positivo o negativo. Si constantemente estamos pensando en lo que no podemos hacer, en nuestros errores o en lo que nos falta, esos pensamientos negativos pueden influir en nuestra manera de actuar y ver el mundo. Por otro lado, si decidimos reemplazar esos pensamientos negativos por afirmaciones positivas, estamos creando una nueva realidad para nosotros mismos, una en la que creemos más en nuestras capacidades y en nuestro valor.

Uno de los aspectos más importantes de las afirmaciones es que ayudan a cambiar la forma en que percibimos nuestras capacidades. Muchas veces, nos limitamos a nosotros mismos porque creemos que no somos lo suficientemente buenos, inteligentes o fuertes para lograr algo. Estas creencias limitantes nos frenan antes incluso de intentarlo. Pero al usar afirmaciones como "Soy capaz de lograr cualquier cosa que me proponga" o "Tengo el poder de cambiar mi vida para mejor", empezamos a modificar esas creencias negativas y a sustituirlas por creencias que nos empoderan. Cuando repetimos estas afirmaciones con convicción y frecuencia, empezamos a creerlas de verdad, y esto se refleja en nuestra manera de actuar.

Es importante señalar que las afirmaciones no funcionan de manera mágica ni instantánea. No se trata simplemente de repetir palabras vacías y esperar que todo cambie de la noche a la mañana. Las afirmaciones son una herramienta que nos ayuda a entrenar nuestra mente, y como cualquier entrenamiento, requiere tiempo y práctica. Al principio, puede que no creamos del todo en las afirmaciones que estamos diciendo, especialmente si están muy lejos de nuestra realidad actual. Por ejemplo, si decimos "Tengo una vida llena de éxito y felicidad" cuando estamos pasando por un momento difícil, nuestra mente podría resistirse a aceptar esa afirmación. Pero cuanto más la repetimos, más empezamos a internalizar ese mensaje, y poco a poco nuestra perspectiva comienza a cambiar.

Otro beneficio importante de las afirmaciones es que nos ayudan a desarrollar una mayor autoconfianza. Cuando repetimos frases como "Soy valioso" o

"Confío en mis habilidades", estamos reforzando nuestra autoestima. Con el tiempo, esta confianza en nosotros mismos comienza a manifestarse en nuestras acciones. Nos atrevemos a tomar más riesgos, a salir de nuestra zona de confort, y a perseguir nuestros sueños con mayor determinación. La autoconfianza no surge de la nada, es algo que se construye con el tiempo, y las afirmaciones son una excelente manera de comenzar a cimentarla. Al fortalecer nuestra confianza interna, también nos volvemos más resilientes frente a los desafíos que puedan surgir en el camino.

Las afirmaciones también nos ayudan a centrarnos en lo que queremos en lugar de lo que no queremos. A menudo, nuestras preocupaciones y miedos ocupan gran parte de nuestra atención. Nos preocupamos por lo que podría salir mal, por los errores que podríamos cometer, o por las dificultades que podríamos enfrentar. Sin darnos cuenta, estos pensamientos negativos nos consumen y nos impiden avanzar. Las afirmaciones nos ayudan a redirigir nuestra atención hacia lo positivo, hacia nuestros objetivos y deseos. En lugar de enfocarnos en lo que tememos, nos concentramos en lo que queremos atraer a nuestra vida. Este cambio de enfoque es fundamental, ya que lo que pensamos tiende a manifestarse en nuestras acciones y resultados.

Un aspecto interesante de las afirmaciones es que también pueden influir en nuestra salud física. Varios estudios han demostrado que nuestros pensamientos y emociones tienen un impacto directo en nuestro bienestar físico. Cuando nos llenamos de pensamientos negativos, nuestro cuerpo reacciona con estrés, lo que puede afectar nuestro sistema inmunológico, nuestra digestión y nuestra capacidad para descansar bien. Por el contrario, cuando practicamos afirmaciones positivas, reducimos el estrés y mejoramos nuestra salud en general. Esto se debe a que las afirmaciones nos ayudan a mantener una actitud mental más relajada y optimista, lo que permite que nuestro cuerpo funcione de manera más eficiente.

Es importante que las afirmaciones sean formuladas de manera clara y en tiempo presente. En lugar de decir "Voy a ser exitoso algún día", es mucho más efectivo decir "Soy exitoso". La razón de esto es que nuestra mente responde mejor a las afirmaciones que están formuladas como si ya fueran una realidad. Cuando decimos "Voy a ser...", estamos proyectando esa meta en un futuro incierto, lo que hace que nuestra mente lo vea como algo lejano y difícil de alcanzar. Al decir "Soy exitoso", estamos afirmando que ya estamos en el camino hacia el éxito, y nuestra mente comienza a trabajar en consecuencia. Nos movemos hacia esa afirmación porque ya nos sentimos conectados con ella.

Otra recomendación para hacer que las afirmaciones sean efectivas es combinarlas con emociones. Cuando repetimos una afirmación, es importante sentirla, creerla de verdad. Las emociones son una parte poderosa de la mente humana, y cuando combinamos palabras con emociones, esas palabras tienen un impacto mucho mayor. Por ejemplo, si decimos "Soy feliz", debemos intentar conectarnos con el sentimiento de felicidad. Recordemos un momento en que nos sentimos realmente felices y tratemos de revivir esa emoción mientras repetimos la afirmación. Al hacer esto, estamos reforzando el mensaje en nuestra mente de una manera mucho más profunda.

Además, las afirmaciones no solo sirven para mejorar nuestra vida personal, sino que también tienen un impacto en nuestras relaciones con los demás. Cuando empezamos a creer en nuestro propio valor y en nuestras capacidades, también mejoramos la forma en que interactuamos con las personas a nuestro alrededor. Nos volvemos más seguros de nosotros mismos, lo que nos permite establecer relaciones más saludables y auténticas. También podemos utilizar afirmaciones para mejorar nuestras relaciones, diciendo cosas como "Atraigo personas positivas a mi vida" o "Mis relaciones están llenas de amor y comprensión". Estas afirmaciones ayudan a crear un ambiente mental que favorece las interacciones positivas.

Para que las afirmaciones realmente funcionen, es fundamental incorporarlas en nuestra rutina diaria. Pueden ser parte de nuestro ritual matutino, repitiéndolas mientras nos preparamos para el día, o pueden ser algo que practiquemos antes de dormir para terminar el día con una nota positiva. Algunas personas también encuentran útil escribir sus afirmaciones en un cuaderno o en notas adhesivas que coloquen en lugares visibles, como el espejo del baño o el escritorio de trabajo. De esta manera, nos recordamos constantemente los mensajes positivos que queremos inculcar en nuestra mente.

En resumen, el poder de las afirmaciones radica en su capacidad para transformar nuestra forma de pensar y, a largo plazo, nuestra forma de vivir. Aunque parezcan simples, las afirmaciones tienen un impacto profundo en nuestra autoconfianza, en la manera en que enfrentamos los desafíos y en la forma en que nos relacionamos con el mundo. Son una herramienta poderosa para reprogramar nuestra mente, alejándonos de los pensamientos negativos y acercándonos a una vida más positiva, plena y exitosa. Como cualquier herramienta, requiere práctica y consistencia, pero los resultados valen la pena. Las afirmaciones nos permiten ser los creadores de nuestra realidad, guiando nuestra mente hacia lo que realmente deseamos lograr en la vida.

Alexa Murphy

El Papel de la Autoestima en la Psicología Positiva

La autoestima es uno de los pilares fundamentales en la psicología positiva, y juega un papel crucial en cómo enfrentamos la vida, tomamos decisiones, y nos relacionamos con los demás. La autoestima, en términos simples, es el valor que nos damos a nosotros mismos, la percepción que tenemos de nuestra valía y nuestras capacidades. Es el juicio que hacemos sobre quiénes somos y cómo nos comparamos con el resto del mundo. Cuando tenemos una autoestima alta, nos sentimos seguros, capaces y dignos de amor y respeto. Cuando nuestra autoestima es baja, tendemos a dudar de nosotros mismos, a sentirnos inseguros, y a creer que no merecemos lo mejor.

La psicología positiva, que se centra en el bienestar y en cómo podemos cultivar una vida más plena y satisfactoria, reconoce que la autoestima es un componente esencial para alcanzar ese bienestar. Si no creemos en nosotros mismos, es difícil que podamos desarrollar una mentalidad positiva frente a la vida. La autoestima actúa como una base sólida sobre la cual se construye una actitud optimista y una vida satisfactoria. Cuando una persona se siente bien consigo misma, se vuelve más resistente a las dificultades, más abierta a nuevas experiencias, y más dispuesta a tomar riesgos para alcanzar sus metas.

Uno de los aspectos más importantes de la autoestima es que afecta directamente nuestra percepción del mundo. Cuando tenemos una buena autoestima, tendemos a ver el mundo de una manera más positiva. Las dificultades no parecen tan insuperables, las críticas no duelen tanto, y los fracasos se ven como oportunidades para aprender. En cambio, cuando nuestra autoestima es baja, el mundo puede parecer un lugar hostil y lleno de obstáculos. Todo se siente más complicado, y los errores se ven como pruebas de nuestra supuesta incapacidad. La autoestima, en ese sentido, actúa como un filtro a través del cual interpretamos la realidad. Si el filtro es positivo, nuestra experiencia de vida será más placentera y llevadera. Si el filtro es negativo, nos sentiremos más frustrados y desmotivados.

Un punto importante a considerar es que la autoestima no es algo fijo o inmutable. Puede mejorar o deteriorarse dependiendo de cómo nos tratamos a nosotros mismos y de las experiencias que vivimos. La buena noticia es que todos podemos trabajar en mejorar nuestra autoestima, sin importar en qué punto nos encontremos. La clave está en desarrollar una relación más amable y compasiva con nosotros mismos. En lugar de criticarnos constantemente por nuestros errores o compararnos de manera negativa con los demás, debemos aprender a reconocer nuestro valor intrínseco. Todos cometemos errores, todos tenemos momentos de debilidad, pero eso no define nuestra valía. La autoestima se fortalece cuando aceptamos que somos humanos, imperfectos, y aun así merecemos respeto y amor.

El primer paso para mejorar la autoestima es practicar la autoaceptación. Esto significa aceptar quiénes somos, con nuestras fortalezas y debilidades, sin tratar de cambiarnos o juzgarnos duramente. La autoaceptación no significa conformarnos o dejar de mejorar, sino que implica entender que nuestro valor no depende de nuestras acciones o logros. Somos valiosos simplemente por ser quienes somos. Este es un concepto central en la psicología positiva: la idea de que todos tenemos un valor intrínseco que no depende de factores externos. A menudo, nuestra autoestima se ve afectada porque basamos nuestra valía en logros, en la opinión de los demás, o en comparaciones con otras personas. Pero cuando nos damos cuenta de que nuestro valor es independiente de esas cosas, podemos comenzar a sentirnos más seguros y en paz con nosotros mismos.

Otro aspecto fundamental de la autoestima es la autocompasión. A menudo, somos nuestros críticos más duros. Nos decimos cosas que jamás le diríamos a otra persona, y somos rápidos para juzgarnos cuando cometemos un error. La autocompasión nos invita a tratarnos con la misma amabilidad y comprensión que le mostraríamos a un amigo. En lugar de castigarnos por nuestras fallas, podemos aprender a ser más comprensivos con nosotros mismos. Todos cometemos errores, todos tenemos días malos, pero eso no significa que no valemos nada. Practicar la autocompasión nos ayuda a ser más amables con nosotros mismos, lo que, a su vez, fortalece nuestra autoestima.

Además, es importante reconocer que la autoestima también está relacionada con cómo nos cuidamos a nosotros mismos. Cuando nos valoramos, nos tratamos con respeto y atención. Esto se refleja en nuestras acciones diarias, desde la manera en que cuidamos nuestra salud física hasta cómo gestionamos nuestras emociones y relaciones. Cuidar de nosotros mismos es una forma de decirnos que somos importantes, que merecemos tiempo, esfuerzo y dedicación. Si constantemente nos descuidamos o nos ponemos en último lugar, nuestra autoestima se ve afectada. Pero cuando hacemos un esfuerzo consciente por cuidarnos, enviamos un mensaje poderoso a nuestra mente: "Soy digno de ser cuidado".

Una estrategia efectiva para mejorar la autoestima es enfocarse en nuestras fortalezas. A menudo, tendemos a centrarnos en nuestras debilidades, en lo que nos falta o en lo que creemos que no hacemos bien. Este enfoque negativo puede erosionar nuestra autoestima con el tiempo. En lugar de eso, es útil hacer una lista de nuestras cualidades positivas, nuestros talentos y logros. Todos tenemos fortalezas, aunque a veces no las reconozcamos. Al enfocarnos en lo que hacemos bien, en lugar de en lo que creemos que hacemos mal, comenzamos a cambiar la narrativa interna y a cultivar una autoestima más saludable.

Es importante mencionar que la autoestima no se trata de ser arrogante o de creerse mejor que los demás. La autoestima sana está basada en un sentido de autovalor que no necesita comparaciones. Cuando realmente nos valoramos a nosotros mismos, no sentimos la necesidad de menospreciar a los demás ni de competir constantemente. De hecho, las personas con una autoestima sólida tienden a ser más generosas y comprensivas con los demás, porque no sienten que su valor esté en juego. Pueden celebrar los éxitos de los demás sin sentir envidia, y pueden manejar las críticas sin derrumbarse, porque su sentido de valor viene desde adentro.

La autoestima también influye en cómo nos relacionamos con el mundo y con las personas que nos rodean. Cuando tenemos una buena autoestima, establecemos límites más saludables, sabemos lo que merecemos y no aceptamos menos de lo que valemos. Esto se refleja en nuestras relaciones personales, laborales y sociales. Las personas con alta autoestima tienden a rodearse de relaciones más equilibradas y respetuosas, ya que no buscan validación externa ni permiten que los demás los traten mal. En contraste, una baja autoestima puede llevarnos a aceptar comportamientos tóxicos o a buscar constantemente la aprobación de los demás, lo que puede afectar negativamente nuestra calidad de vida.

En resumen, la autoestima juega un papel esencial en la psicología positiva porque es la base de cómo nos sentimos con nosotros mismos y con el mundo. Al desarrollar una autoestima saludable, nos volvemos más resilientes, más optimistas y más capaces de enfrentar los desafíos de la vida. Mejorar nuestra autoestima es un proceso que requiere tiempo y esfuerzo, pero los beneficios son inmensos. Cuando realmente nos valoramos, podemos vivir una vida más plena, más auténtica y más positiva. La clave está en la autoaceptación, la autocompasión, y el reconocimiento de nuestras fortalezas, entendiendo que todos somos dignos de amor, respeto y felicidad.

Vivir una Vida Plena con Psicología Positiva

Vivir una vida plena es uno de los mayores deseos que tenemos como seres humanos. Todos queremos sentirnos felices, realizados y en paz con nosotros mismos y con los demás. Sin embargo, muchas veces nos encontramos atrapados en preocupaciones, en situaciones que no nos hacen sentir bien o en pensamientos que nos limitan. Aquí es donde entra en juego la psicología positiva, que nos ofrece herramientas y enfoques para crear una vida más satisfactoria, centrándose en lo que nos hace sentir bien, en vez de quedarnos atrapados en los aspectos negativos de la vida.

La psicología positiva nos enseña que una vida plena no es aquella que está libre de problemas o dificultades, porque eso es imposible. Todos, en algún momento, enfrentamos obstáculos, desilusiones o momentos de tristeza. Pero lo que sí podemos controlar es la manera en que respondemos a esas situaciones. La vida plena, entonces, no es la ausencia de problemas, sino la capacidad de afrontarlos de manera positiva, con la confianza de que siempre hay una salida, una solución o un aprendizaje detrás de cada reto.

Uno de los pilares fundamentales para vivir una vida plena es aprender a enfocarse en lo positivo. Esto no significa ignorar lo negativo o hacer de cuenta que los problemas no existen, sino que se trata de cambiar nuestro enfoque. Por ejemplo, en lugar de concentrarnos en lo que nos falta, en lo que no hemos logrado o en lo que ha salido mal, podemos centrarnos en lo que sí tenemos, en nuestros logros y en las cosas que han salido bien. Este simple cambio de perspectiva puede tener un gran impacto en cómo nos sentimos y en cómo enfrentamos cada día.

La gratitud es otra herramienta poderosa para vivir una vida plena. Cuando practicamos la gratitud de forma regular, empezamos a notar las cosas buenas que nos rodean, por pequeñas que sean. Quizás fue una conversación agradable con un amigo, una comida deliciosa o incluso el simple hecho de disfrutar un momento de tranquilidad. Estas pequeñas experiencias positivas, cuando se aprecian conscientemente, comienzan a sumar, y con el tiempo nos hacen sentir más satisfechos y felices con nuestras vidas. No se trata de vivir esperando grandes eventos o logros para sentirnos bien, sino de reconocer que cada día tiene algo que ofrecer, algo por lo cual estar agradecidos.

Otro aspecto clave para una vida plena es cuidar nuestras relaciones. Los seres humanos somos sociales por naturaleza, y nuestras conexiones con los demás juegan un papel crucial en nuestra felicidad. Las relaciones positivas y saludables nos brindan apoyo emocional, nos motivan y nos hacen sentir parte de algo más grande. En la psicología positiva, se habla mucho sobre la importancia de rodearnos de personas que nos impulsen a ser nuestra mejor versión, que nos animen y nos acompañen en los momentos difíciles. Mantener relaciones sanas y enriquecedoras es esencial para nuestro bienestar a largo plazo.

Aparte de nuestras relaciones con los demás, también es fundamental la relación que tenemos con nosotros mismos. Muchas veces, podemos ser nuestros peores críticos. Nos juzgamos con dureza, nos castigamos por nuestros errores y nos tratamos de maneras que nunca trataríamos a alguien más. Para vivir una vida plena, es importante cultivar la autocompasión y el respeto por uno mismo. Debemos aprender a ser amables con nosotros, a aceptarnos tal como somos y a permitirnos fallar sin sentirnos menos por ello. La vida plena no se trata de la perfección, sino de aceptar nuestra humanidad y de avanzar con amor propio, sin castigarnos por nuestros defectos.

Otra herramienta esencial que la psicología positiva nos ofrece es el desarrollo de fortalezas personales. Cada uno de nosotros tiene talentos, habilidades o características que nos hacen únicos. Identificar y aprovechar esas fortalezas puede ser un gran paso hacia una vida más plena. Por ejemplo, si eres alguien que es naturalmente curioso, puedes buscar actividades o trabajos que estimulen esa curiosidad. Si tienes una gran capacidad para escuchar y empatizar, puedes enfocarte en relaciones o trabajos que requieran esas habilidades. Cuando alineamos nuestras acciones diarias con nuestras fortalezas, no solo nos sentimos más realizados, sino que también experimentamos una mayor sensación de propósito y satisfacción.

El sentido de propósito es, sin duda, un elemento clave para vivir una vida plena. Saber que nuestras acciones tienen un significado y que lo que hacemos importa nos llena de energía y motivación. No se trata solo de tener un trabajo o una meta a largo plazo, sino de encontrar propósito en las pequeñas cosas. Puede ser desde el cuidado que le damos a nuestras relaciones, hasta el impacto que queremos tener en nuestra comunidad o en el mundo. Vivir con propósito nos ayuda a superar los momentos difíciles y nos impulsa a seguir adelante con esperanza y determinación.

Además del propósito, el equilibrio también es importante. A veces, en nuestra búsqueda de éxito o realización, podemos olvidar la importancia de tener un balance en nuestras vidas. El trabajo es importante, pero también lo es el descanso, el tiempo para nosotros mismos y el disfrute de las pequeñas cosas. La vida plena incluye momentos de esfuerzo y dedicación, pero también momentos de relajación, diversión y desconexión. Encontrar este equilibrio es clave para mantener una vida saludable y feliz a lo largo del tiempo.

Un aspecto que muchas veces pasamos por alto, pero que es fundamental para vivir plenamente, es el cuidado de nuestra salud física y mental. No podemos tener una vida satisfactoria si descuidamos nuestro cuerpo o nuestra mente. El ejercicio regular, una alimentación equilibrada, el descanso adecuado y el cuidado de nuestras emociones son piezas esenciales del rompecabezas del bienestar. La psicología positiva nos recuerda que el bienestar es un estado integral que incluye tanto lo físico como lo mental. Al cuidar de nuestro cuerpo, estamos también cuidando de nuestra mente y viceversa.

Finalmente, vivir una vida plena con psicología positiva implica tener una actitud de crecimiento. Esto significa estar abiertos a aprender, a cambiar, y a mejorar constantemente. La vida siempre estará llena de retos y situaciones que nos sacarán de nuestra zona de confort, pero si adoptamos una mentalidad de crecimiento, podremos ver esos momentos como oportunidades para aprender y para evolucionar. No se trata de evitar los problemas o de tener todas las respuestas, sino de estar dispuestos a enfrentar cada desafío con la confianza de que podemos salir más fuertes del otro lado.

En resumen, vivir una vida plena con psicología positiva se trata de enfocar nuestra mente en lo que nos hace bien, en cultivar gratitud, cuidar nuestras relaciones, respetarnos a nosotros mismos, desarrollar nuestras fortalezas, encontrar un propósito, mantener el equilibrio y cuidar nuestra salud física y mental. Es un camino continuo de crecimiento y autodescubrimiento, en el que aprendemos a ver la vida con optimismo, sin negar las dificultades, pero enfrentándolas con una actitud positiva. Al final del día, la plenitud no está en lo que tenemos o logramos, sino en cómo elegimos vivir, cómo nos tratamos a nosotros mismos y a los demás, y cómo enfrentamos cada momento, grande o pequeño, con una mentalidad abierta y positiva.

www.ingramcontent.com/pod-product-compliance
Lightning Source LLC
Chambersburg PA
CBHW031404150726
47989CB00002B/526